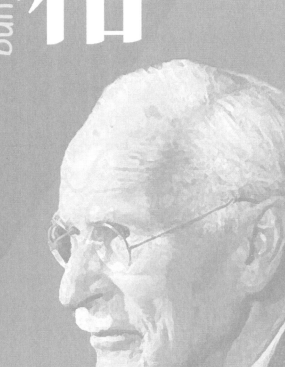

劉燁
許奕廷／編譯

榮格

Carl Gustav Jung

想與你談性格

原型、個性化、人格面具，分析心理學始祖

烏爾波釋「生客決定命運」的密碼

★分析心理學的創始者★

榮格帶你破譯「性格決定命運」的密碼

外向性與內向性×原型×個性化×集體潛意識×人格面具

兩個人格的相遇就像兩種化學物質的接觸，

任何反應都會帶來改變

崧燁文化

前言

　　榮格是瑞士著名心理學家和分析心理學的創始人。一九〇九年，佛洛伊德把他定為精神分析運動的法定繼承人，稱他為「王儲」。一九一一年，在佛洛伊德的舉薦下，榮格擔任國際精神分析學會第一任主席。榮格大師一生致力於心理學研究，以意識與無意識、自我與自己為軸心，將不同時間、空間、文化、人性等結合成一個整體，構成他特有的巨大的思想結構。他的分析心理學理論自成一家，成為舉世公認的權威。

　　榮格認為，人並非自己的主宰，而主要受一些不為我們所知的力量控制。這些力量來源於自己的潛意識部分；而我們的意識部分僅僅是潛意識中的滄海一粟。潛意識並非只是生長發育階段壓抑作用的總和，潛意識具有負面效應，同時也具有積極作用，它賦予人創造力，能幫助人確立生活的意義，並且指導人追求個人獨立。正是人的這種潛意識，構成了每個人的獨特性格。

　　性格是一個人在現實的穩定態度和習慣化了的行為方式中，所表現出來的個性心理特徵。謙虛或驕傲，誠實或虛偽，勤勞或懶惰，堅強或懦弱，果斷或猶豫等等都是人的性格特徵。

　　性格決定命運，性格改變人生。這已成為世界各國學者的共識。那麼，性格與命運之間究竟存在怎樣的內在關聯呢？榮格大師經過長期潛心研究，終於破譯了「性格決定命運」的密碼。

為了讓讀者們深刻理解「性格」與「命運」的內涵，我們編譯了榮格大師的著作。在本書中，除了展現榮格大師在心理學領域所表現出來的睿智和人格魅力以外，還全面闡述了榮格大師的分析心理學理論及類型理論。

　　我們將榮格大師關於「性格」的理論編著成四個部分：

一、性格決定命運

二、性格類型

三、個性昇華

四、榮格心理性格類型測驗

　　在編譯過程中，我們採用通俗易懂的語言，在保持榮格大師理論原汁原味的基礎上，盡量展現榮格大師博大精深的思想。衷心希望讀者能夠領悟其中的真諦，對自己的人生有所裨益。

目錄

第一章　性格決定命運

　　播下一種行動，你將收穫一種習慣；播下一種習慣，你將收穫一種性格；播下一種性格，你將收穫一種命運。大千世界中的芸芸眾生，為什麼有的人春風得意，有的人卻黯然無光？為什麼有的人財運亨通，有的人卻一貧如洗？正是由於每個人的性格不同，才導致每個人具有不同的命運。

性格是人最本質的象徵

榮格說

性格是人的最本質特徵。我們認識一個人,既可以從其外表、行動等方面加以區分,也可以從其性格特徵方面進行更加深刻的了解。

現實生活中,每個人的性格千差萬別。有的讓人感到和諧、舒服,如謙虛、自信、熱情大方、誠實、無私、勤勞、細心等;有的讓人覺得不舒服,如狂妄、自私、虛偽、懶惰等。歸根結底,性格的類型是由各種性格特徵的獨特而系統的結合造成的。這種結合,可稱為性格結構。性格結構的類型究竟應如何劃分,世界各國標準各異,方法不一。

瑞士心理學家榮格的「內向型」和「外向型」的性格理論較為著名。

榮格認為,性格內向的人,很少向別人顯露自己的喜怒哀樂。他們在情感方面經常自我滿足,珍視自己內心的體驗;在他人面前容易害羞,說話慌張,不願在大庭廣眾面前出頭露面,做事深思熟慮,但缺乏實際行動,常有困惑、憂慮、鬱鬱不樂之感。性格外向的人,心理活動傾向外部,經常對外部事物表示關心和感興趣。這些人性情開朗活潑,善於交際,但他們不願苦思冥想,而要依靠他人或活動來滿足個人情緒的需求。同時他們善於在活動和群體交往中表達自己的情緒與情感;不知道害羞,而

且健談，交朋友當面就熟；說話大膽、不考慮別人的感情。他們自由奔放、當機立斷並易產生輕率行為，動作快、不拘小節。

榮格認為，內向和外向，其實不過是程度問題。一個人只是或多或少地屬於內向型或外向型，並非整個都是內向或外向。內或外都是相對而言的。

另外，榮格認為個人還有四種心理功能，即思維、情感、感覺和直覺。思維是一種渴望理解事物的理智功能；情感是一種價值判斷的功能；感覺是一種感官知覺；直覺是一種直接地掌握到的而不是作為思維和情感的結果所產生的經驗或體驗。兩種心態和四種心理功能的不同組合表現為個性的行為模式，這就構成了榮格提出的八種個性性格類型。

從上述各種性格類型來說，每個人的性格類型都是他自己的性格特徵的獨特構造。以這種方式形成的性格結構，必然具有自己的特徵 ——

性格具有完整性和矛盾性

就性格的結構而言，人的性格的所有個別特徵，是相互依存、相互關聯的。它具有完整的統一性，但這種統一性不是絕對的。只有在人的基本態度完全決定了其餘態度的情況下，絕對的統一性才有可能。然而這個前提是不可能存在的。因此，統一性是相對的。因為客觀現實本身有著種種矛盾，現實向人提出的各種要求或人向現實索取之間也存在著矛盾。如在某些人的性格特

徵中，高傲與謙虛、懶惰與勤奮、疏忽與縝密等因素，構成了性
格的對立統一面，於是性格變得複雜。

性格結構具有確定性

確定性對於性格來說，具有不可忽視的意義，如果沒有它，
性格就會隨環境的變化而變化，那樣就顯得反覆無常缺乏主見，
難於成為改造世界的主體。但這並不是說性格的穩定性會固定
化、僵化和孤立。人們可以改變自己的性格，塑造良好的性格。
此外，性格會隨著環境的變化而出現一定的改變。正是性格具有
確定性和可變性，其在不同的情境中才能顯出不同的生活風貌和
特點。正像在內室中對妻子是一種面目，在會客時是另一種面
目，在工作時更是一種面目。當然這些都是在確定的性格前提下
發生的變化。性格是各人生活的投影，而又豐富了人的生活。

性格結構具有複雜性和主導性

既然性格是生活的投影，就必然具有複雜性，這在一般人身
上都有反應。主導特徵一般是指人們對待現實的基本態度。儘管
人們的性格複雜，卻都圍繞著主導方面而構成了人的獨特性格。

性格結構具有表層和深層的特徵

一般來說，性格的複雜是基於千變萬化的表象（行為）而言
的。其實，性格複雜歸根結底受制於深層因素，即所謂靈魂深

處，如動機。正是人們內心所產生的動機是複雜的，決定了行為的複雜性。處於行為和動機之間，便是處世態度。處世態度也決定著動機的是否發生。從根本來說，處世態度受制於動機，受制於累積的壓力經驗。所以了解人的性格，必須縱深窺探。

無意識的偉大力量

榮格說

有資本比沒有資本好。有體力比沒有體力強。不過，今天力量的最大泉源之一就是特殊而迷人的性格。

在西方國家，許多學者都認為「二十世紀是一個精神分析的世紀」。這種觀點儘管有些誇張，但精神分析學在二十世紀的科學領域中確實占有一席之地。致力於精神分析研究的學者們發現，人類性格中最重要的部分就是「無意識」。這一概念的誕生，為語言、性格及命運等方面的研究工作帶來許多啟發。

「無意識」的概念最初起源於柏拉圖關於「迷狂」的說法，後來西方國家的許多學者都對這一概念做過大量研究。真正為「無意識」作出科學解釋的，應該是奧地利心理學家佛洛伊德。

在多年的醫學研究過程中，佛洛伊德發現了一個現象：在人類自覺意識之外，還存在著一種人們沒意識到的內在驅動力，這個驅動力始終存在於人的精神世界裡，支配著人們的實際行為——這就是無意識。

　　無意識是一種偉大的力量。你或許認為，力量是一種可以從外界獲得的東西。可是榮格卻認為，從外界獲得的力量是不會持久的。最基本的力量是一種能使你取得你所希望的成果，並在這個過程中可以為別人創造價值的你自身所具有的能力。這是一種能改變你的命運，使形勢對你有利而不是有害的能力，它能使你明確自己的需求，為滿足這些需求，引導你自己的個人王國——你自己的思維過程、行為過程，使你能取得你所希望的結果。

　　縱觀歷史，控制我們命運的這種力量，以各種不同的形式在變化著。最早的時候，力量只是一種簡單的生理狀態的體現，身強體壯的人可以控制自己的命運，也能控制他周圍人的命運。隨著文明的發展，力量漸漸作為一種遺產而被繼承下來。國王以一種明白無誤的特權統治著他的國土，其他人只有透過和他的聯合才能得到力量。隨後，在工業社會初期，資本就是力量，那些擁有資本的人控制著這種工業過程。所有這些因素，現在仍在發揮著作用。有資本比沒有資本好。有體力比沒有體力強。不過，今天力量的最大泉源之一就是特殊而迷人的性格。

創造情感協調

榮格說

我們都知道「同類相聚」的原理，一旦你成功地進行了情感協調，獲得了他人的認同，你就會對他產生極大的吸引力，你們之間就會實現良好的互動。

創造情感協調，就是創造和揭示你與他人的共同之處，我們稱這一過程為「鏡現」。有很多方式可以尋找與他人的共同之處，從而進入情感協調。你可以透過共同的興趣 —— 如文化娛樂活動等，也可以透過同一類型的朋友或熟人，還可以透過信仰等。透過這些共同點，就能發現和發展雙方的共通之處。所有這些都是透過語言進行交流的。進行情感協調的一般方式就是交換彼此的訊息。不過，研究表明，雙方之間的交流只有百分之七是透過詞語實現的，百分之三十八是透過聲調實現的；人們交流的大部分，其中約百分之五十五是透過面部表情和肢體語言實現的。一個人的面部表情、手勢、姿態和舉止比他的語言提供的訊息更多。像班尼‧希爾這樣的表演大師站起來攻擊你、威嚇你，卻只能使你發笑的原因，這並不是詞語本身的力量，而是他的表演 —— 他的動作和形體 —— 使你有這種感覺。

所以，我們進行情感協調不能僅僅透過語言來表達，情感協調最好的方式之一是透過共同的生理狀況來進行交流。偉大的催眠師彌爾頓‧艾瑞克森醫生就是這樣，他十分善於「鏡現」別人的

呼吸方式、姿勢、音色和手勢。透過這樣的行為，他能在幾分鐘裡和別人進行完全的情感協調，與他素昧平生的人也會毫無疑問地信任他。要是你能透過語言感染他人，那麼把語言和生理狀況結合起來，將獲得更不可思議的成功。

我們都知道「同類相聚」的原理，一旦你成功地進行了情感協調，獲得了他人的認同，你就會對他產生極大的吸引力，你們之間就會實現良好的互動。因為這種思維是無意識的，所以它就更具成效。不知不覺中，你們就會意識到這種連結力。

感染力，傳遞訊息的良好途徑

榮格說

> 平時情緒猶如一股暗流，生生不息，不絕如縷。除非是在情緒大爆發時期，會像決堤的洪水，洶湧而來。情緒的交流常常會細微到幾乎無法察覺，卻又無時不在左右你的思想和行為。

一位日本的心理學大師說過一句話：心理變，態度亦變；態度變，行為亦變；行為變，習慣亦變；習慣變，人格亦變；人格變，命運亦變。換句話說，一個人要想運勢好，他的性格首先要好。強烈的感染力就是一種好性格。

曾經有人做過這樣一個實驗；讓心情沮喪的女性與她們的男友一起來到實驗室討論兩人的感情問題。結果發現，隨著談話的

深入與推進，她們的男友的心情也不由自主地越變越糟糕，且非語言訊息的表達趨於一致。顯然，男友們已感染了女友的沮喪。

　　在每一次與人交往過程中，我們都在不斷地傳遞著情感訊息。影響著周圍的人，同時也在不斷接受他人的情感訊息。在多數的情況下，這種交流與感染比較間接與隱密，不為大多數人所察覺，但這種感染作用確實存在。人們都喜歡與熱情大方開朗的人接近，從他們身上可以感受到勃勃向上的生命的力量，難道他們從不曾憂鬱、悲傷與痛苦嗎？當然不是，他們所掌握的不過是懂得如何將情緒適時地投射到他人身上。這種情緒的收放自如自是情商的一部分。

　　平時情緒猶如一股暗流，生生不息，不絕如縷。除非是在情緒大爆發時期，會像決堤的洪水，洶湧而來。情緒的交流常常會細微到幾乎無法察覺，卻又無時不在左右你的思想和行為。早晨某人的一句話可能使你整個上午都處於一種不安、心神不寧的情緒狀態中，也許你認為早已把那件事忘了，但它卻影響了你一整天的工作效率。

　　瑞典大學的研究人員丁伯格曾對日常生活中人際交往的情緒感染做過研究，發現當人們看到一張微笑或憤怒的臉的照片時，會感染到同樣的情緒，這可以從臉部肌肉的細微改變中得到證實。但這種細微的改變，肉眼常常察覺不出來，但可以透過電子儀器檢測出來。

　　為什麼會有這種相互作用的產生呢？這可能是由於我們在潛意識中有模仿他人，與他人保持一致的傾向，包括模仿他人的情感表現，諸如聲調、面部表情、肢體語言等非言語的情感表達方式，從而在自己心中默默地整合成了與對方相似的情緒。美國俄亥俄州大學的社會心理學家卡西柏曾對此做過較深入的研究。他指出「儘管你不是刻意在模仿對方的情緒，僅是看到別人表達情感，你便會有相同的情緒。這種情緒的感染、傳遞與協調無時無刻不在進行著，而正是這種情緒的協調程度決定了人際關係的互動順利與否。」

　　在日常生活中被認為性格迷人、廣受歡迎的社交高手，無一不是情感協調的高手，他能源源不斷地把熱誠、快樂傳遞給別人，使別人樂於與之親近，彷彿他們是一塊巨大的磁鐵，把別人緊密地吸引在他們身邊。同時對於別人的情感危機，他們不僅有一種免疫力，更懂得許多安撫別人情緒，使之擺脫情緒困境的好辦法。對於大多數人而言，這種能力時無時有，不夠持續穩定，也不夠豐富。

　　在情緒互動的過程中，多有個主導者，即由他把情緒傳導給另一方，而另一方常常是情緒表現不夠豐富的人，或者是特別易於受到感染的人。這類人的自主神經系統特別敏感，神經通路較為豐富，因而非常容易受感動，看小說、電影特別容易掉淚，也非常能夠同情別人。這類型的女性較多，與其生理結構的差異有關，也可能是後天社會文化的影響造成的。

在互動中居主導地位的人，猶如舞場中的舞曲，帶領著眾人隨著它的節奏而旋轉。政治家、演員都擅長於帶動眾人的情緒。而一位領導者是否成功、勝任的一個重要代表，也是看他是否能鼓舞員工的士氣，使他們居於一種比較積極、興奮的情緒狀態中，從而產生更好的工作績效。

表達情緒訊息，使他人順應你的情緒步調，一般有兩種形式：語言的和非語言。語言本身就含有豐富的情感訊息，如何組織安排語言、運用什麼樣的詞彙與人交談，既是一項智商，也是一項情商。能成功地運用鼓勵、安慰、讚美的人，必定擁有一種成功的人際關係。除此之外，人的非言語表現也能溝通情緒的協調程度，一個面帶迷人微笑，充滿自信和熱情的人，隨時隨地都受歡迎。

微笑的魅力

榮格說

微笑可以產生放鬆的身體狀態，而放鬆的生理狀態與緊張的情緒狀態是不相容的。因此當你綻開笑容，愉快的情緒會隨之而來。

榮格大師對微笑意義做了這樣的分析：「我們如果對他人微笑，對方也會回報以友好的笑臉，但在這回應式的微笑背後，有一層更深的意義，那便是對方想用微笑告訴你，你讓他體會到了

幸福。由於我們的微笑，使對方感覺到自己是一個值得他人表示好感的人，從而有一種被肯定的幸福感。所以他也會快樂地對你微笑，這便是為什麼微笑那麼容易感染人。」

密西根大學心理學教授布許曼的研究表明：「面帶笑容的人，比起緊繃臉孔的人，在經營、推銷以及教育方面更容易取得成效。笑臉比緊繃的面孔，藏有更豐富的情感，因而更有感染力，更有可能在人際互動中占據主動。」

師生之間、夫妻之間、親子之間、上下級之間皆是如此。研究表明，彼此相互微笑的人，他們動作也協調，動作與生理反應協調，彼此之間越覺得融洽、愉快而且情緒高昂，相處十分自在。

既然微笑有這麼大的魅力，為何還有許多人一直都繃著一張臉，不輕易展示笑容呢？其中主要的原因，是他們想抑制住自己內心的真實感情。因為他們從小所受的教育給他們灌輸了這樣的觀念：「向他人洩露自己的真實情感，是一種不成熟、幼稚的表現。是一件讓人感到羞恥與尷尬的事情。」因此，努力把自己的情感給深深地隱藏起來，不讓人洞悉自己的內心世界，久而久之，面部肌肉僵硬，變成了一個不會「快樂微笑」的人，一個對任何人都擺上一副撲克臉的不受歡迎的人。

真正具有感染力的微笑是發自內心真誠的微笑。中文裡關於笑的貶義詞也為數不少。這些貶義詞不僅不能傳遞一種令人愉悅的情感訊息，還甚至會讓人產生厭惡與反感。那麼如何才能產生動人的具有感染力的笑容呢？

每天清晨洗臉的時候，順便對著鏡子練習。多想一些愉快的事物，或令你有成就感的事物，並學會把這種感情表現在臉上。試著去想今天可能發生令自己高興的事，諸如：今天這筆生意可以成交，可以晚上與妻子去品嚐夜市美食，孩子從明天開始放假返家了……等等，然後你帶著愉悅的心情，收緊下巴，抬頭向前，走出家門。深深地呼吸，以便吸收太陽光。碰到朋友時，以笑臉相迎，握手時要用力。不必擔心會遭到誤解和嘲笑。在內心不斷重複快樂的信念。這樣，你周圍的人或事便會如你期待的那樣順心如意。

雖然，有許多實驗研究支持微笑可以改變他人的情緒與反應這一觀點，但仍有人持懷疑態度。但你若在處理人際關係上遇到過什麼窘境的話，應當去試著理解這一段話：

「每天早晨站在鏡子前面練習微笑，在短時間內你的性格就會有所改變，你會發現你漸漸能傳達你自己的情緒並影響他人，使自己與他人建立友好的關係。」

微笑可以產生放鬆的身體狀態，而放鬆的生理狀態與緊張的情緒狀態是不相容的。因此當你綻開笑容，愉快的情緒會隨之而來。美國著名的心理學家、哲學家威廉‧詹姆士曾說過這樣一段話：「看起來，動作似乎是由感情所引起的，實際上，動作與感情是並行的。動作可以由意志直接控制，可是感情卻不行，必須先調整動作，才能夠間接地調整感情。我們是因為膽小而害怕，笑而愉快的……。」

進化論的創立者查爾斯‧達爾文在一本著作中，以科學的論點證實了我們的特定的身體表現，能夠引起特定感情反應。他還說：「感情與表情的關係非常密切，會成為我們的習性。」

感情不伴隨動作，是空洞與支離破碎的。微笑這個動作可以喚起友好的情感。了解了笑容的生理心理基礎之後，微笑變得容易多了。

讚美別人時，微笑會幫助你的讚美詞更加有分量；肯求別人時，微笑會使對方無法拒絕你；接受別人的幫助時，微笑會幫你表達加倍的謝意，當你無意傷害了對方時，微笑會替你傳達善意，減輕對方痛苦。

微笑，在人際交往中，對於傳遞具有影響力的情緒起了不容忽視的作用，提高你的人際情商，從今天開始，咧開你的嘴 —— 微笑。

激發熱情的火花

榮格說

我們可以用熱情去感染他人，同樣也可以讓熱情感染我們。多與那些對生命充滿活力、機警而又相當清醒的人交往，會激發出你熱情的火花的。

把熱情傾注在你的工作或學習中，會使一切面目一新，許多研究與事實表明熱情是影響人生成就的一大原因。同樣，熱情也

是影響人際關係的重要因素。研究表明，熱情的人在與人交往中常常更為積極主動，更勇於承擔責任，更易於給予他人關懷和幫助，因而更受人歡迎。

當一個人滿懷熱情，與人交往時，會把更多的注意力投注於交往對象上，以及雙方的情感互動與交流上，使兩人之間的情緒同步協調，而熱情者往往是主動者、控制者。

如何提高自己的熱情呢？心理學家榮格大師提出如下建議 ──

與人交往時，以「為他人服務」的立場來思考

一個眼睛只盯著與他人交往能給我帶來什麼利益的人，絕不會對他人具有強大的吸引力和影響力的。本著為他人做一點好事，可以體現自我價值的人，常常對任何事、任何人都很有熱情。因為他們無所顧忌，可以全身心地開放，表達自我。

時常為自己鼓勵，樹立起一種「我要滿懷熱情地生活」這一信念

自我鼓勵可使你在受挫折時能抑制沮喪、消沉無力的負面情緒。一旦你樹立了「我要熱情地工作，熱情地對待每一個人」的觀念，你就會真的熱情起來，因為，前面我們在談情緒的生理機制時提到過，大腦皮層對邊緣系統杏仁核有監督控制作用。當你假裝要有積極的情緒時，額葉便會透過神經通路傳導神經衝動給

杏仁核，分泌激素調節身體各部分的運動水準，你便真的活躍起來了。

盡力去了解每一件你所負責的工作，並弄清它的前因後果

有一個寓言故事講；有人問起同做一件事的兩個人他們在做什麼？一個回答說：「我在砌磚」；而另一個人的答話，眼界就高了，他說：「我在建築一座劇院。」

你若對某一件事知道得越多，你便會越有熱情，因為你若了解得更深刻、確切，你會更有信心，更有權威感，對它也越感興趣。它滿足了你內心中的基本需要。

制訂目標，並耐心地完成它

能給人的工作生活帶來巨大推動力的莫過於行動之後的成就感。一個知道自己目標的人，目標完成之後的那份成就感，會使他在目標追逐過程中，不至於因為挫折和失敗而洩氣、放棄；同時目標幫助人確定方向，不至於使人的精力過分分散，而無法把大部分熱情投注於他所關心的事件上。

與熱情的人交朋友

我們可以用熱情去感染他人，同樣也可以讓熱情感染我們。多與那些對生命充滿活力、機警而又相當清醒的人交往，會激發出你熱情的火花的。

養成關懷他人的習慣

榮格說
青少年犯罪者更與幼年家庭教育方式不良，與家庭氣氛缺乏愛和支持有著密切相關，缺乏同理心的父母，其孩子也是個冷漠而不善於與他人相 b 處的人。

關懷就是設身處地，將心比心。用心理學的術語來說，便是利他主義，即不期望得到任何回報或良好印象的助人精神。有時社會心理學也稱為親社會行為。

案例

約翰提及過他讀中學時的事，至今他仍清楚地記得那位關心他、真誠地幫助他的校長。語氣中充滿了深深的感激與敬意。

約翰由於自小父母離異，他一直生活在一個相當貧窮與缺乏愛的環境裡，他的脾氣因而變得易怒、暴躁而又極度敏感，家境的貧寒、學業的落後，使他倍受冷落與嘲諷。在學校裡，打架滋事，他成為一個令校方頭痛的學生。

有一天，約翰被召去見新來的校長，按慣例是去挨訓的。誰知走進校長室之後，校長微笑地叫他坐下，給了他五十塊錢，說是「學生貸款基金會」批下來的貸款，考慮到他的實際情況，便發給他。當時，拿了錢，約翰轉身便準備走。校長卻說：「請等一下。」約翰回憶當時的情景說，他感到非常驚訝，校長的話那麼有

影響力。校長接著說：「你是住校生吧？離家挺遠的，得自己照顧自己吧！我當年讀中學的時候也一樣。生活挺艱苦的，但一定要注意營養，每天早上吃一個鮮雞蛋補充蛋白質，再買瓶牛奶晚上喝。晚自習時間很長，又是讀書，體力消耗特別大。天氣乾燥，可要多喝水。至於一些日用品，可以到前面拐彎處的一個批發市場上去買，價格便宜又節省時間。在生活上還有什麼問題，儘管向學校提出來，校方會幫你解決的。」

當時校長的話猶如一陣暖流淌過約翰全身。這麼多年來，大家都把他當作壞孩子、壞學生來看，給予他的都是批評、厭惡、嘲笑或是憐憫，很少有人像校長那樣從他的角度來考慮他的苦楚，來關懷他、安慰他。而這份關懷對於他的影響是非常巨大的，一直照亮著他往後的人生旅程。他說，校長的話就像一盞明燈。

關於利他行為的產生機制，生物學家、生理學家們對此提出了許多理論與觀點，分歧相當大，莫衷一是。達爾文認為，利他有助於保持種族的生存和延續。舉例來說，一隻鷸鴣鳥看到狐狸走近牠的幼鳥時，便假裝受傷，似乎翅膀折斷了，蹣跚地離開了自己的巢。狐狸認為可以輕易地捕食牠，便跟在牠後面。一旦牠把狐狸引到足夠遠的地方時，鷸鴣便奮力飛走。這種策略有時是成功的，有時卻可能要付出生命的代價，被狐狸吃掉。在人類歷史上，這種例子似乎不勝枚舉，一個家族或國家，常常由於少數勇士的獻身而得以生存和延續。

　　榮格大師指出，十個月的幼兒已經表現出了利他精神，如父母或兄妹患病或受傷時，表現出安撫的動作或把玩具讓給妹妹等。這被認為是人的利他行為的前驅。但這到底是由於幼兒的模仿行為，還是生而有之，還未有明確的結論。

　　對利他行為做系統研究的是社會心理學家拉坦那（Latané），而促使他進行研究的是一九六三年一件發生在紐約市的驚心動魄的事件。

　　一個漆黑的晚上，一位年輕婦女在紐約市一條僻靜的街道上行走，突然有一個男子從暗處衝出來攻擊她。婦女拚命掙扎、抵抗，並大聲呼救。搏鬥和呼救聲持續了半個小時，最後她被男子刺死。而在出事地點附近的居民中至少有三十八人聽見了她的呼救和搏鬥聲，而且有些人還走到窗前探頭俯視，但卻沒有一個人到場伸出援救的手，甚至也沒有人去報警。

　　在如今高速發展的的社會裡，人們的道德觀念卻在以前所未有的速度淡化甚至淪喪。這應該歸罪於何方？家庭、教育和社會？作為道德支柱之利他主義，似乎應當為道德觀念的重建承擔一點什麼？

　　兒童是希望之窗，是培養個人利他主義的良好契機。研究表明，在兒童期表現出良好的利他主義精神的人，長大之後多是一個較受他人歡迎與喜愛的人，尤其善於與他人合作與協調，將會是一位成功者。而大多數犯罪的人，在其童年期就表現出一些侵犯、攻擊性行為。青少年犯罪者更與幼年家庭教育方式不良，與

家庭氣氛缺乏愛和支持有著密切相關，缺乏同理心的父母，其孩子也是個冷漠而不善於與他人相處的人。

那麼，應當如何培養孩子的利他精神呢？心理學家提出如下建議──

告訴孩子應當幫助他人

單純地告訴、指導，也能有助於發展助人行為。告訴孩子什麼行為適當，應建立起一種什麼是好行為的期望，這可以引導孩子未來的行為。榮格大師曾經說過，一些實驗者期望發現，規勸兒童幫助別人，不會有什麼結果，但是結果卻是，孩子們的確表現出助人與利他。當然單純地說教，有時效果並不大。一個行為自私，不顧他人感受的大人卻要求孩子有較高的人際情商，顯然是荒謬的。

提供榜樣

當孩子看到他人的助人與利他行為時，很可能就會學著去做。現實生活中和實驗室中很多的例子說明了這一點。電視，已成為一種不可或缺的大眾傳媒，它所發揮的榜樣作用也值得一提。心理學家克雷特斯等人在一九七六年研究了幼兒園兒童在看過助人電視節目後的行為，發現兒童在遊戲場上表現出更多的關心他人、同情他人、彼此幫助的行為。研究表明，直接的影響主要在於兒童對利他主義的態度。

　　若觀看助人行為的榜樣次數增多，會有助於培養利他行為。心理學家所做的一項研究表明，當孩子多次看到他人把自己的東西分給需要的人，比只看一次的孩子，更可能將自己的東西分給他人。

注重父母所發揮的榜樣作用

　　在幼兒園進行的一項測驗中，要求孩子們說出哪個小朋友最關心他人時，發現這些小朋友的父母也常常被提及很關心他人的。

強化任何助人行為

　　當某一個行為受到獎勵時，孩子們常常會重複這個行為。在進行獎勵時，要注重獎勵的方式。物質獎勵與精神獎勵要合理使用，另外，獎勵要及時。

對兒童的利他行為的原因、動機予以正確的引導

　　榮格大師做過這樣一個實驗，實驗情境是讓兒童有機會把自己的食物分享給一個正在哭泣的孩子。將這些兒童分為三組，第一組告訴他們，你們這樣做是因為你們是一個關心他人、理解他人的好孩子。對第二組的兒童進行表揚，而對第三組的兒童，什麼都不說不做。然後再使兒童有機會去安慰、關心他人。則第一組兒童所表現出的利他行為最多，第三組則最少。

　　而後的研究表明：那些被說成是關心他人，善解人意的兒童在三週後的測驗中，仍然表現出利他行為，而受到表揚與未加任何處理的兒童則表現相同。

　　實驗說明，只有當把利他的觀念深化之後，轉化為兒童自身的信念的一部分，才能真正提高兒童的人際智商。當然，利他、同理心、關懷的教育應該從兒童，甚至是嬰幼兒時期開始做起。

建立同理心

榮格說

同理心在日常生活的各個領域中也起著舉足輕重的作用。不論你是上司、妻子、丈夫、孩子、朋友，還是合作夥伴。同理心都會成為一種幫你妥善處理人際關係的重要武器。

　　同理心就是指了解他人的感受。許多違法犯罪分子，之所以會犯下那些為人所不齒的罪行，多少歸因於缺乏這種情商所導致的嚴重後果。例如一些強姦犯、虐待狂等心理變態的罪犯，若他們能設身處地地替受害者考慮一下，能了解到他們的行為會給受害者帶來什麼樣的感受和後果，也許就不會發生這些胡作非為了。同理心又不僅僅停留在了解他人的情緒感受上，它與同情還是有區別的。榮格認為同理心還應該引起情感上的協調和共鳴，並能做出相應的回應方式。從生理反應的指標來看，對他人產生同理心的人在生理反應上，與他人的步調幾乎都是協調一致的。

案例

　　一次電話聯繫，使得原來相處融洽、關係甚好的一對朋友之間豎起了一座隔斷牆。

　　凌晨兩點半，莉莎與她的丈夫正好夢方酣，突然莉莎被窗外傳來一陣陣煩人的聲響吵醒，她便起身探個究竟。原來是鄰家的貓在她家屋簷上磨爪子。可能由於起身太急，突然間，莉莎感到一陣暈眩，她趕忙走回床邊，還沒弄清楚怎麼回事，只覺得手腳發軟、天旋地轉，「撲通」一聲便跌坐在地面上。這下子可把她的丈夫驚醒了，他丈夫立刻起來把她抱上床。打開燈發現莉莎四肢發軟，臉色慘白，眼球向上翻，呼吸似乎也若有若無，這下子可把丈夫嚇壞了。他趕緊坐在床邊，採取一種最為古老的措施——捏鼻尖下方的人中穴，希望這招能管用。幸運的是，莉莎馬上便醒了過來，睜大充滿了驚惶的眼睛。丈夫拍拍她的臉頰，她馬上也有知覺了，過了幾分鐘，一切都恢復了正常。而就在剛剛那短短的幾分鐘裡，莉莎迷糊中覺得自己彷彿就要離開了人間，離開她心愛的丈夫。

　　整個上午，莉莎仍然沉浸在一種莫名的驚悸當中，全身虛軟無力。但想起來本來約好第二天晚上去好朋友瑪莎家吃飯，可是就目前的身體狀況來看，還是待在家裡比較妥當，因為此時此刻不能掉以輕心，還是安靜的休息和放鬆，比在吵鬧喧譁的客廳中高談闊論幾個小時要好得多，況且還不知莉莎是否完全恢復。於

是他們就打了個電話給瑪莎，將清晨發生的事告訴她，並準備另約時間。

誰知瑪莎聽了電話以後，以一種頗不以為然的口氣說道：「哎喲，我都不知道暈倒過幾百次了，別那麼緊張，弄得神經兮兮的。喂！你說什麼時候過來吃飯？早一點好了，最近商場都在特價，早一點吃完，我們去逛逛街。我準備買一件羊毛衫……」莉莎連忙打斷她的話搶著說：「可是我的老公認為我快要斷氣了，我自己也認為快要死了，那種感受真的很恐怖。」瑪莎又說：「哦？我倒是沒這種體驗，不過我倒是昏倒過好幾次，好吧！既然你不想來就算了，我們再另約時間，本來約翰夫婦也要過來，大家聚聚挺不容易的，以後再說吧！」

「啪」的一聲電話掛斷了，莉莎感覺心靈有如受了一次重撞，她以後再也沒有打電話主動約瑪莎一起吃飯，原本兩個走得很近的一對好朋友之間，便出現了一條很深的裂痕。

這段友誼的主要葬送者是瑪莎，她犯了一個致命的錯誤：對莉莎的處境、情緒和感受缺乏一種如同自己親身經歷的同情，沒有設身處地地替莉莎著想。這是一種缺乏同理心的表現，可以說瑪莎的人際情商不高。

同理心在日常生活的各個領域中也起著舉足輕重的作用。不論你是上司、妻子、丈夫、孩子、朋友，還是合作夥伴，同理心都會成為一種幫你妥善處理人際關係的重要武器。將它運用在處

理業務、教育孩子、家庭生活、工作或是政治活動中，必將使你成為一個廣受歡迎的人。

要了解他人的情緒感受，可從他人的情緒訊息中獲得。當然語言是其中的一種方式，而其他非語言的方式也非常重要，例如：語調、手勢、體態、儀表。判斷他人情感的關鍵，就在於捕捉這種非語言的訊息，並從中分析出意義來。所謂察言觀色的高手，便是充分具備這種能力的人，也常常是社交場上明星似的人物。

榮格大師在人類情緒的非語言表達上做過廣泛的研究。研究結果表明，對非語言的情緒訊息的判斷上存在著性別差異。一般而言女性優於男性。在這方面能力強的人，容易與異性相處，愛情生活品質較高，比較外向，比較受人歡迎，情感的調適能力也高。

研究還發現了一個有趣的現象：接受實驗的被試者在實驗過程中表現越來越好。結束實驗之後他們的非語言的情緒訊息判斷能力均有所提高。可見，同理心是可以學習訓練的。實驗所採取的材料是經過加工處理的錄影帶，內容錄製的是一位女性的各種情感的表達方式，但除掉語言的訊息，要求被試者判斷這位女性在一特殊場合下所表達的情感。而後，許多人採用類似的方法進行同理心的訓練。

關於同理心的生理機制的探究，最開始是來自於臨床上的一些特殊病例。一九七五年的一份報告中，曾描述了前額葉右側受損的病人的奇特症狀：他們無法了解他人語調中所傳達的情感訊

息，雖然他們能夠了解他人語言的涵義。比方說，別人略帶諷刺味道的謝謝，對於他們而言，認為是真心的謝謝。同時這種病人雖然知道自己的感受，但是無法表達出來，更無法透過聲調、手勢，以及表情來表達。當時認為這些症狀是由於邊緣系統的受損所致。

而後，榮格大師根據對動物的比較實驗研究，以及其它一些神經病學的研究發現，指出杏仁核及其與大腦視覺皮層的連結是同理心產生的根源。

榮格是以靈長類的恆河猴為實驗對象。研究人員先讓恆河猴學會害怕一種聲音，方法是在聲音出現時伴隨一次電擊。而後，讓恆河猴學會拿一根棍子來避免電擊。隨後，將這些猴子分別關在不同的籠子裡，彼此聽不見對方籠子裡是否有聲音。但可以透過閉路電視看到另一個猴子的表情。當讓一隻猴子聽到那令人害怕的聲音，而第二隻猴子顯然沒聽見，但牠透過電視看到了第一隻猴子害怕的表情，居然也會拿棍子，這顯然是一種同理心的表現。

從埋植在猴子腦中的電極所記錄的神經元中發現：當猴子看到另一個猴子害怕的表情時，衝動的傳導遵從一般情緒刺激的通路，先到視覺皮脂層再到杏仁核。同時又發現：視覺皮脂層的某些神經元只對特定的表情或姿勢有反應，似乎是專門用來儲存對特定表情進行反應的模式的。

在榮格的另一項實驗中：他將野生猴子的杏仁核與皮脂層的連結切斷，然後再放回原居住地，發現該猴子在應付日常生活所必備的一些能力上，如爬樹、攝食等能力，並無太大的損害，但卻失去了與同伴進行情緒互通的能力，當同伴親近牠時，牠卻驚慌地逃離，終日過著離群索居的森林生活。

可見，杏仁核與皮脂層的連接通路，對於情緒的判斷以及做出適當反應的重要性。這種連接通路關係到動物種族的生存。當動物覺得有異物靠近時，激發起特定的生理反應，進而做出快速地判斷，判斷對方的意圖是攻擊還是求愛，並做出相應的行為反應。

同樣，在人類身上，同理心具有相似的生理機制。榮格的研究表明：生理反應的協調一致，才能產生真正的同理心。

用自信催發巨大潛力

榮格說

自信是一種巨大的精神力量，它能將人的才能、優勢正常發揮出來，從而完成自己能做的任何事情。

自信是一種巨大的精神力量，它可以操縱人類命運。擁有自信，就能創造奇蹟；擁有自信，就能進入成功者的行列；擁有自信，就會成為你想成為的任何一種人。

意識和潛意識具有操縱人類命運的巨大能力。自信也是源於意識和潛意識的。

榮格認為，人的心靈有兩個主要部分，這就是意識和潛意識。當意識做決定時，潛意識則做好準備。換句話說，意識決定了「做什麼」，而潛意識就會將「如何做」整理出來。意識好像山浮出水平面的一角，而潛意識就是埋藏在水平線下面很大很深的部分。

從字面理解：意識，簡單地說，是人的較明顯的認知世界的大腦心智活動。潛意識是指不露在表面的意識，是不明顯、不露在表面的大腦認知、思想等心智活動。

潛意識，是指暫時並未知覺，但在適當的情況下就能意識到的訊息。

潛意識，是精神分析學派的基本概念，包括：原始衝擊、本能、欲望、性慾。是心理活動的基本動力，也是人的動機、意圖的根源。

人的心理分為意識和無意識兩個對立部分。

潛意識是人類「心」的大海。它彙集著一切思想感情的涓涓細流，容納各種心態觀念的山川江河，它是形成我們一切思維意識的源泉。

潛意識的力量比意識大三萬倍。

　　人的潛能到底有多大，一個人的潛能只開發了約百分之十或百分之二十五，像愛因斯坦這樣聰明的人，他的潛能大概也只開發了百分之十二左右，只比我們常人高了一些。我們從古今中外許多科學家身上發現，他們的成功雖然各有不同，但在善於運用意識和潛意識的力量這一點上卻是相同的。難怪人們把意識和潛意識稱為人類的自動引導系統。一個人如果下定決心做某件事，那麼，他就會憑藉意識的驅動和潛意識的力量，跨越種種坎坷，從而跨進成功的門檻。

案例

　　被稱為新工業之父的亨利・福特，年輕時在一家電燈公司當工人，有一天他突發奇想，產生了要設計一種新型引擎的意識。他把這個想法告訴了妻子，妻子非常支持，還鼓勵他說：「天下無難事，只怕有心人，你就試試吧！」她把家裡的舊倉庫騰出來，供他使用。福特每天下班回到家裡，就鑽進舊倉庫做引擎研究工作。冬天舊倉庫裡冷，手凍起了凍瘡，牙齒格格顫抖，可是他對自己默默地說：「研究已經有了頭緒，再堅持做下去就能成功。」亨利・福特充分發揮自身的自動引導系統，在舊倉庫裡苦幹了三年，這個異想天開的稀奇東西終於問世了。一八九三年，亨利・福特和妻子乘坐一輛沒有馬的馬車，在大街上搖晃著前進，街上的人被這一景象嚇了一跳，有些膽小者還躲在遠處偷偷觀看。從

這一天起，這個對整個世界都產生深遠影響的新工業，在亨利‧福特的意識和潛意識的驅動下誕生了。

後來亨利‧福特決定製造著名的 V8 型汽車，他要求工程師在一個引擎上鑄造八個完整的氣缸。工程師們聽了都搖頭說：「這不可能。」福特命令道：「誰不想做，就走人！」工程師們不願失業，只好照著亨利‧福特的命令去做。因為他們認為這是一件不可能的事，所以沒有把成功輸入自己的意識裡，這樣潛意識也就閒置起來。幾個月過去了，研究毫無進展。亨利‧福特決定另外挑選幾個對研製 V8 型汽車有信心的人去完成。他堅信一旦有了穩操勝券的心理，就有了希望。新挑選的幾個工程師經過反覆研究，忽然間，好像被一股神祕的力量「擊中」，終於找到製造 V8 型汽車的關鍵竅門。

是什麼令 V8 型汽車從無到有？是什麼令「不可能」的計劃奇蹟般成功？這就是意識和潛意識的無形力量在起作用。意識僅是極小極小的「已知能量」，而潛意識卻是大腦細胞內匿藏著的巨大潛能。亨利‧福特就是用這小小的已知力量，開發了無窮無盡的大腦潛能。如果把意識和潛意識比喻為成功的「第一把金鑰匙」，一點也不過分。從以上故事中，我們就會明白，如果意識給潛意識一個目標，潛意識就會為實現這個目標而行動起來；如果意識給潛意識一個指令，潛意識就會認真去執行這個指令。所以說，一個人想著成功，就可能成功；想著失敗，就會失敗。一個人期望得多，獲得的也多；期望得少，獲得的也少。成功產生在那些

有了成功意識的人身上，失敗則源於那些不自覺地認為自己失敗
的人身上。

第二章　性格類型

　　良好性格會讓你擁有絢爛多姿的生活、健康愉悅的身心、善解人意的知己、團結友善的同事和上司；惡劣性格會使你一無所有、受人白眼，迷失在人生的沼澤之中。榮格大師對性格的科學解析能夠幫助我們認識自己的性格，喚醒我們對人生的關注以及對性格的探究。

性格概況

榮格說

一個人的性格表現在典型活動方式中、表現在特定的情況中，並決定著一個人做人做事的基本態度和行為方式。

所謂性格，又稱其為心理機能或廣義上的心理，是指一個人在生活中形成的、對現實較為穩定的態度和行為方式所對應的較穩定心理特徵的總和。一個人的性格表現在典型活動方式中、表現在特定的情況中，並決定著一個人做人做事的基本態度和行為方式。

性格可分為兩種基本類型，即內向型和外向型。由於每種類型性格的人，其心理都具有四種功能（感覺、直覺、思維、情感），因此，內向型和外向型性格又可進行功能性分類，可分別分為四種類型。內向型性格包括內向感覺型、內向直覺型、內向思維型和內向情感型；外向型性格包括外向感覺型、外向直覺型、外向思維型和外向情感型。根據功能性劃分的這些性格類型，具有各自的特徵及特殊功能，對個人的成長與發展起著至關重要的作用。

性格學的發展過程

榮格說

榮格大師將人的性格分為內向型和外向型兩大類型。這一思想很快在精神病學、心理學領域和一般人群中得到傳播和承認。

　　長久以來，人們一直試著以性格為標準對人進行分類，以便對人類進行分析與研究。最早對性格進行分類的是東方的一些星相大師。他們按水、火、土、氣四大元素進行劃分，把十二宮分成四組與之相對應。

　　在星相圖中，氣宮組由黃道帶中「屬氣的」三宮組成，即寶瓶宮、雙子宮和天秤宮；火宮組由白羊宮、獅子宮和人馬宮組成。按照這一觀點，出生在這些宮中的每個人天生就具有氣或火的特性，並會表現出一種相應的氣質和命運。這是對人類生理類型進行劃分的最早依據。在這一理論中，四種氣質對應著人的四種體液。後來，人們借用希臘醫學中的生理學術語，結合最初用黃道十二宮代表的四種氣質，創造出了新的理論學說，將氣質分為四種類型，即黏液質型、多血質型、膽汁質型和抑鬱質型。需要指出的是，這些術語僅代表人體中假設的體液。這一理論的應用範圍較廣，而且長達將近十七個世紀。至於星相學理論，至今未被改動，仍像原始狀態那樣保存得完好無損。非但如此，還被廣為利用。這使一些開明人士十分驚奇。

　　隨著認知的提高與進步，人們正在努力創造一種新的具有科學性的理論學說。然而，人們在創造過程中遇到了一個很大的難題 —— 性格類型的劃分標準。星相學的劃分標準是非常簡單的，只由星座來決定。至於劃分方法，追溯到很久以前那段歷史才能找到答案，現在無法解答。希臘人對生理類型的四種氣質進行分類，是以個人的外表形象和行為作為劃分標準的，現代人對生理類型的劃分方法與它完全相同。那麼，我們又該如何在心理學方面尋找到性格類型的劃分標準呢？對於這個問題，這裡舉例加以解決。

　　某郊外有一條小河，河上沒有橋，要想到達對岸只能跳過去。為了達到這個目的，你必須使你的心理動力系統發揮作用。心理動力系統是非常發達的，如果利用得當一定可以解決問題。但在啟動它之前，你需要進行一項純粹的心理活動，即做出一個關於怎麼辦的決定。做好決定之後，就要採取某些具體措施解決問題。在這一活動中，每個人的操作方法及步驟都不是完全相同的。但不論是哪個人，他在具體操作時，一般都不把這項活動看作某種特徵，因為這項活動大多是在無意識的狀態進行的，就像心理動力裝置自動受人支配一樣。

　　至於心理自動裝置是什麼樣子，人們的觀點和見解存在著很大差別。但可以肯定的是，每個人都會用自己獨特的思維方式做決定和解決困難。這裡仍以小河為例。比如有些人跳了過去，而有些人沒有跳。那些跳過去的人，有的會說跳過小河是為了挑戰

困難；有的會說是為了尋找樂趣；還有的會說因為無路可走，別無選擇。至於那些沒有跳過去的人，他們可能認為那是很困難的事，弄不好會掉進水裡；或覺得那是沒有必要的……總之，每個人都有他自己的理由。如果把這些理由羅列出來，可能會有成千上萬個。

談到這個問題時，榮格博士說：「其他人是如何著手完成任務的，我沒有必要進行仔細調查。但我可以告訴大家我是怎麼做的，雖然我的做法在別人看來有些偏激。在這裡，我只想用哥倫布發現新大陸的事例為自己註釋。在探索事物和解決問題時，哥倫布善於運用主觀想像、錯誤假設等思維方式進行思考，善於在別人放棄的路線上發現與眾不同的事物，正因如此，他最終發現了美洲，獲得了出人意料的成績。」

性格的兩種基本類型

榮格說

外向型的人比內向型具有較強的優越感；內向型的人比外向型的人自卑，內心有種被壓抑的感覺，但性格有發生改變的可能性。

在現實生活中我們可以發現，一個看上去態度消極的人在做某事之前並不消極。他們常常先對形勢進行分析，之後才付出行動；但在很多情況下，由於形勢緊迫來不及預先分析就要立即行

動，這樣易造成不如意的後果，因此情緒就會顯得低落，在別人看來他就是消極的。有些人不經分析與思考就急於行動，當陷入困境時才發覺做事太魯莽，導致遭受挫折或失敗。對於這類人，人們通常稱之為「非思考型的」。不論從事什麼活動，預先進行分析與思考都是十分必要的，它可以使問題更容易解決。與那些不加思考就迅速做出決定或行動的人相比，這樣的人容易獲得成績。

但是，一個人在做事之前表現出猶豫的樣子，並不是代表他做事謹慎，事先進行思考；一個人迅速做出決定或迅速行動，也並不是代表他做事魯莽，沒有進行思考。前者之所以猶豫，可能是因為他由於性情怯懦而畏縮不前，而後者之所以辦事果決，可能是因為他的思維比較敏捷，做決定的時間較短，而且行動力較強。透過對這兩種人進行比較，我們可以總結出二者之間的顯著差異：有一類人在遇到某一特定的情況時，做出的第一反應就是逃避或拒絕，隨著對情況的進一步了解，才慢慢把心思放到這件事上來，進而將精力投入其中；還有一類人，在面對同樣的情況時能夠立即做出反應，並對自己的行為持肯定的態度，顯得非常自信。

在這兩類人中，第一類人與內向性格相對應，後一類人與外向型性格相對應。一個人屬於哪種性格並不重要，關鍵是能發現自己所屬性格具有哪些特徵，只有發現、認識並利用它們，才能獲得意義和價值。

　　一般來說，性格內向的人能夠獨立自主，對工作認真負責，能按照自己的想法去做事，不輕易以偏概全，不衝動行事；在與外界交往的過程中，注重事物的內在變化。但也有不足之處，他們對外在環境了解不多，常常掩飾自己，易被他人誤會，不喜歡工作被打斷。這類人適合做鋼琴師、詩人、心理學家。性格外向的人善於利用外在環境資源，樂於與他人交往，個性較開放，屬於行動派，易被他人所了解。其不足之處是，不夠獨立，喜歡變化，比較浮躁。這類人適合做導遊、公關。

　　榮格認為，外向是指欲力的外向轉移。這裡所說的「欲力」與「心理能量」同義，即心理過程的強度。榮格還認為，外向表示主體與客體的連繫，這種連繫是由主觀興趣轉移到客體運動上的。一個人在進行思考、做某項運動或體驗某種感覺時，主體與客體的關係表現得直接而又明顯，而且連繫十分緊密。這就說明主體對客體有直接的依賴性。

　　對於外向性格的形成，常常是因為主體在興趣上受到客體的吸引後，做出某種反應或行動，這種反應或行動，天長日久易形成某種習慣，最終促使性格形成了外向型。

　　內向是指「欲力」的內向轉移，即主體的興趣不在客體內部發生作用，是退回主體的過程。有內向傾向的人，常常會以展示主體是形成動機的條件、客體則只得到了次要的因素這種方式來思索、來行動。

　　當主體遇到客體，主體不想與客體發生關係時，內向便是主動的；當主體無法將再次從客體返回的心理能量趕回客體時，內向便是被動的。內向心理一旦成為一種習慣，便會成為內向性格。

　　一位女士談論起自己與父親的關係時這樣說：「無論做什麼事，只要一看到父親，就馬上害怕得發抖。」

　　對於這種現象，佛洛伊德先生這樣分析：「這位女士曾經在心靈上受到過創傷，這與他父親有關。如果能發現並設法排除這個病因，她的心理障礙就會消除。」

　　對此，阿德勒先生持有不同的觀點，他認為：「那是因為她想從父親那裡奪回家庭中的權力。」

　　在同一問題上，兩位學者站在不同角度上分析，佛洛伊德重視與父親關係這一內心之外的問題，阿德勒則以內在的問題為出發點進行分析。透過兩位學者解決同一問題的態度與方法，我們可以看出，佛洛伊德屬外向型，阿德勒屬內向型。

　　榮格大師以解決問題的出發點不同為依據，給內向型和外向型定義。這一點與我們平時所說的外向型人性格開朗，內向型人較沉默的觀點有所區別。按照他的觀點，那些平時總在想與外部有關的事的人，屬外向型。所以，擔心人際關係的人就應該屬於外向型，對許多事都持「不介意」態度的人屬內向型。

　　外向型的人不斷以各種方式充實自己；內向型的人習慣於保持自己的能量，有抵禦外界要求的傾向，並不隨意直接與客觀事物發生不必要的連接而消耗能量。

總體來說，外向型的人比內向型具有較強的優越感；內向型的人比外向型的人自卑，內心有種被壓抑的感覺，但性格有發生改變的可能性。

人類的心理機能

榮格說

性格的心理機能具有四種類型，即思維、直覺、情感和感覺。每一種功能都有獨特的功用，都有其特殊的存在價值。

（一）思維

榮格將思維定義為一種根據自身規律，藉某種方式將概念的關係表達出來的一種理性心理功能，是一種主動和被動的思維活動。

在榮格看來，主動思維是一種意志或是深思熟慮的判斷行為，與經驗思維相一致；被動思維是某種缺乏經驗和情感性偶發的現象，與直覺思維相近。思維有分辨事物正確與否或真假的作用。在現實中我們常錯誤地將思維這種功能定義為表面現象的簡單串連（即：關聯思維的方式）。判斷人的行為是有意識還是無意識，主要看他的想像是與概念相結合，還是與思維無任何關聯。

在榮格的理論中，「智慧」是能夠做經驗思維的能力，這種經驗思維根據意識理性規則處理表面現象，是理性的概念。相反被動的思維功能和非經驗思維才能統稱為「智慧直覺」。

也就是說，智慧直覺屬非理性功能，是依據無意識且合理的標準來評論表象的。儘管它可能以非理性的方式出現，榮格也不否認判斷的直覺行為與理性有時相一致。榮格還認為，被情感控制的思維不是直覺思維，是依附於情感思維從屬於情感原則的運動。這種思維邏輯規則較少，偶然出現也只是出於情感的目的，是一種懸掛於高空的狀態。

榮格認為，外向性格中有一種顯著的外向思維特徵。其思維傾向於客觀事物而極力擺脫主觀影響。因此，其思維來源或是主觀，或是由感官知覺傳送而來的客觀事實，這一來源起著限定性的作用。如果思維的來源是主觀，那麼最終將與無意識同源。外向判斷是以可感知的客觀事物或是某種客觀理念為標準，這些客觀事物及理念一般都起著決定性的作用。所以說，外向思維可能是具體的思維或是理論思維，無論是純粹的具體思維還是純粹的理念思維，思維都具有一種優先的外向傾向，當客觀傾向趨於優勢時，思維就屬外向。

理性的經驗思維是造成一種缺少自由和遠見的感覺，這是因為它受到客觀事物的限制並表現在外表上。站在觀察者的角度來看思維的表象，容易忽略其本質；而抓住了它的本質，往往又容易忽略其表象，因此，在進行思考時主觀就不可避免地會對思維造成影響。此時思維會同某種客觀事件一起聽命於主觀理念。二者一旦相遇，就會在思想當中進行對抗。外向思維將表現出固執的一面，有主觀傾向的經驗思維會表現得很武斷。兩者因為在經

驗上各持己見，所以無法將具有主觀特性的主體和具有客觀性質的客體完全分開，形成兩個毫無關聯的個體，它們之間需要互補。

　　內向思維與外向思維相反，它定位於主觀因素，在主體內容中往返，而不是從具體的經驗中返回客體。在對新事物進行論證的過程中，它注重的是新觀點，而不是對新事物的感覺。

　　內向型思維中有某些事實存在，或無限展開幻覺意象，不顧忌任何其他的事物。理念中主觀的內在說服力擺脫了外部影響，因為說服力很強是來自於無意識的原型。

　　榮格注意到，意識總會帶給無意識一些難題。這些難題使無意識擺脫了其對自我的控制，使得大腦產生了一種分裂，這種內在消耗便是精神神經上的特徵，就是經常提到的神經衰竭現象。

　　內向型思維與客觀事實關聯很小，卻與無意識事實關聯密切。思想功能與意識相結合，就會將無意識豐富，繼而脫離思想，參與其他心理功能之間的相互作用，將原始心理及其性格特點重現再現。

（二）直覺

　　榮格認為，直覺與感覺相類似，都是一種無意識的意向。直覺傳達著對感性的認識，但這種無意識的意向是以已經掌握的知識和累積的經驗為依據的，是對邏輯活動的心理認知能力。感性認知的對象既有外在的，又有內在的，也包括內在與外在對象的組合。它是獨立於感覺、理智與情感三者之外的形式，但很可能

出現在這三種形式中的任何一種之中。任何事物都會透過直覺被表現成一個獨立而又完整的個體，卻不需要去解釋它是怎樣被發現以及以何種方式被體現的。

榮格指出，直覺與情感、思維的內容特徵存在著鮮明的對比，其內容都具有某種特定的特徵。情感內容具有派生的特性，思維的內容具有推理的特性，而直覺是一種非理性的感知能力，是對本能的領悟。

我們對直覺的認識是內在的、必然的、明確的。確定直覺的根本和源泉是物質的基礎，其確定性依賴於實踐和一種明確的心理意識，但主體對這一狀態並沒有完全了解和認知。也就是說，直覺是非理性的感知。它的突然出現伴隨著感性知覺和神化意象的感性認識，具有傳達理念的徵兆。因此，榮格認為直覺與感覺一樣，都具有原始和嬰兒的心理特徵。

榮格把直覺的表現形式分為主觀和客觀兩種。主觀的直覺形式只對心理事實做一種感性認知；而客觀的直覺形式對除心理事實之外的事實做感性的認知。

榮格以感情的介入程度為依據將主觀的直覺形式、客觀的直覺形式與具體的直覺、抽象的直覺加以對比和區分。他認為，事物的真實性會影響具體直覺的感知力，其來源於特殊的環境，反映了一種特殊的過程。而抽象直覺會帶來有關觀念的感知，抽象直覺會以某種經驗的原因、意圖的行為成為必需。

透過以上論述可以看出，直覺與感覺有很多相似之處，但又是截然不同的兩個概念。榮格認為兩者之間存在著互補關係，並且有助於人的思維與情感兩種心理能力的發展，最終直覺會在認知和感覺中傳達給內心，或在行動和成功中推向世界。這就產生了內向直覺與外向直覺的區別。

內向直覺的對象直接針對客觀事物，內在客觀事物對直覺表現為事實的主觀意象，對內在感觀的認知持相對態度。直覺的主觀因素在內向中起決定作用。內向直覺壓抑了主觀因素，明確了神經刺激的直覺範圍，這一點恰恰與「內向感覺透過無意識的意向將其限定在一個神經刺激的特殊感覺範圍」這一特性相反。

內向直覺對內在客觀事物並不感興趣，它不在乎現實擁有的事物，卻是在無意識中等待可能發生的事情。因為內向直覺會對那些產生於先有的經驗，表現了本類型事物的集合有強烈的表現。它們的差異越大，內向直覺的感覺就越強烈。

在外向狀態中，直覺作為無意識知覺的功能。外向直覺對外在客觀事物明顯冷淡，也就是說，外向直覺完全指向外界客觀事物。在有意識的狀態下，直覺功能表現為對某種預期的態度及知覺的洞察力。只有在最後的結果中，它才能證明客觀事物的潛在能量。

直覺的主觀因素在外向中受到抑制，感覺卻用糾纏不清的感情刺激控制著純真、清晰的直覺意識。由於在外向性格中直覺占有一種客觀的優勢傾向，所以外向直覺想支配的近處及遠處的事

物。這給直覺造成了很多障礙。在直覺占相對優勢的情況下，外向直覺總會在客觀環境下發現最大的可能性。這正如一個封閉的倉庫，卻不得不將庫門打開，迎接新鮮的空氣流入，並找尋另一個新出路。直覺無法迴避的可能性，是事實發掘了能超越其本身卻免去個體執行的過程，為了這一可能性甚至願意失去其他如思維、情感等功能。

（三）情感

榮格並不贊同將情感詮釋為信賴於「表象」、「觀念作用」或是感覺的衍生現象這一說法。他認為哈羅德‧許夫定（Hoffding）、雷曼（Lehmam）及其他一些心理專家將情感視為獨立的心理功能這一說法較為貼切。在此基礎上，他進一步提出情感類型理論。

榮格認為，情感主要是發生在自身與另一特定事物之間並給予另一事物特定價值的過程，這一過程建立在喜歡或反感的基礎上。有時也會孤立於片刻的意識內容或短暫的感覺當中。這種「情緒」無論是情感的全部，還是其中的一部分，同樣會產生於潛意識之中。

情感是一種純屬主體自己心理的主觀過程，與每種感覺均相互協調，保持一致，而每個方面卻都獨立於外部刺激。情感屬於一種判斷，不過並不對個別特定的意識內容進行理智判斷，而是透過無意識內容對意識進行因果評價。在對短暫的意識情境進行評價的過程中也不完全是理智的，同樣會帶有接納或排斥的特點。

　　榮格認為，情感與其他功能因素都存在著緊密的連結，而非我們平常所說的簡單的「情感」。情感本身是獨立的，但有時可能也依賴於其他的功能。為了更好地了解和認識「情感」，榮格將其分為「抽象的情感」和「普通的具體情感」兩種。

　　榮格認為，透過提高個人情感的價值，建立起情感狀態或「情感」抽象的情感，超越了它所評價的某些內容，表現出一種包含個別評價在內，卻又摒除個別評價差異的「情緒」或情感狀態。正如思維把意識內容置於要領之外，情感依據意識內容的價值對其進行價值的評價，價值的高低得到最終的處理也不相同。個體情感所提供的價值較主觀；情感只提供與事物的共性，其價值較客觀、普遍。

　　情感是一種理性功能，其本質很難把握。任何一種簡單的分類都不能恰到好處去界定情感的本質。因為任何一種基本心理功能都不能完全用另一種經驗思維（理智的基本心理功能）來詮釋。

　　情感很難被清晰分類，因為情感有時是一種經驗思維，也就是理智的，而更多時候卻是非理智的，但這不是指與理性相反的，而是說其本質並非建立在理性的基礎上，是理性範圍之外的東西。

　　意識的所有內容，無論是哪一類型都可以用情感來進行判斷。具體的情感可以與其他功能特別是感覺功能相結合。所以，在強烈的情感下就產生感情，又稱之為情感感覺。感情是身體神經刺激的情感狀態，這恰恰是對觀念過程的一種干擾。而情感所

產生的神經刺激相當少，相當於一般思維過程的程度。儘管感情是每種情感透過某種力量得以釋放出生理性的神經刺激，但榮格還是將感情與情感加以適當的區分，前者可以清晰地感覺到身體上的神經刺激，後者可以是由意志自由運用的功能。也就是說，感情既是心理上的一種情感狀態，又是生理上的一種情感狀態，同時還是生理上的一種神經刺激狀態。兩者間是一種交互作用的累積。這種狀態更接近感覺，但榮格把由強烈的生理神經刺激伴隨著的明顯的感情歸結到情感之中，卻沒有被置於感覺功能之中。

就本質來說，榮格將情感看成一種新內容透過主動或被動的心理過程與現存的類似內容的結合。主動的心理過程是由主體從自身自發的動機，在有意識的支配下領悟這種新內容，並順利地歸納到那種現存的類似主觀材料的內容之中去。活動的中心在於自身被動的心理過程，是來自外部、透過感覺或從潛意識中（來自內部）的新型事物進入意識的過程。這種過程是理解和注意被強制執行得到的結果。其活動重點則側重於強行闖入的新型事物。

被動的情感聽命於自身，被一種特定的迫使主體情感加入其中的內容所激發和吸引。主體是價值的轉變，稱之為主動的情感。這種評價的論據是情感的意向性，而非理智的意向性。所以主動的情感屬於一種經驗的功能，意志的行為。例如愛與被愛是對立的，愛是一種活動，被愛是一種被動的情況，那麼被愛就是一種沒經驗的和被動的情感。沒經驗的情感是一種情感直覺。被動的情感在給予價值時無主體參與，甚至與主體的意向相矛盾。

所以，嚴格地說，理性的情感是主動的和經驗的，非理性的情感是被動的。

榮格認為消極的情感行為是非理性的、積極的；經驗的情感行為是理性的。以情感的功能經驗展示全部態度的人屬情感型的人。

情感本質即使擁有獨立性，在外向情況下也會受到除主觀之外因素的制約。外向情感型的人也竭力擺脫主觀的控制。客觀價值和某種傳統但被大家都認可的價值直接影響情感活動的價值，且與這兩種價值相互協調，保持一致。

有些人對社會慈善及文化事業持肯定態度，並予以大力支持和幫助。這類人具有一種創造性因素 —— 理性效應。但理性效應被某種客觀事物誇大，反而會喪失情感所具有的特性，即使他無意識地以自我為中心，也會讓人覺得他冷漠，不可信任，魅力也會消失。

這使得情感被分離，情感的價值將控制每個客觀事物，兩者之間會產生內在的分化和不協調，致使情感過程超越主體；而主體會由一種情感主體變成情感過程。此時，會出現情緒異常舉止失常的現象，不可讓人依賴，完全喪失了人類的熱情。

內向情感以主觀方面為決定因素，客觀事物極少參與，只在表面體現，所以易被誤解。榮格認為，內在情感的強度永遠不能被清晰地領悟，因為它很敏感，對客觀事物是持逃避的態度，以達到進入主體深層結構的目的，這使得人們變得沉默，難以靠近。其自我防禦途徑是透過裝出高不可攀且冷淡的態度來實現的。

　　榮格進一步指出，內向型情感與內向型思維類似，但後者較前者更容易被表達清晰。所以，當主觀思維遇到理解性問題時，主觀情感很難表現出來。

　　現實生活中，內向型情感的人為了更好地與人交往，只好尋求一種外在的形式，這種外在形式要從存在於人類原始意象中的表達中將主觀情感釋放，同時使他人與之有同感。當主觀情感被自我為中心的想法控制後，這一類型的人將會變得非常自私，缺乏同情心，態度冷漠。由於是自己的興趣為目的，甚至有時進乎於病態的自我欣賞，別人會認為他有感傷主義的自戀傾向。

　　客觀事物以某種手段附屬於情感的原始狀態，內向思維與原始情感格格不入，內向情感卻靠某種原始思維保持平衡。它是從客觀事物體中脫離，同時又形成一種表現於行為和內心上的只對主體負責的自由。

　　這種自由以拋棄傳統價值和無意識思維為代價，成為客觀事物的祭祀品。

（四）感覺

　　為了進一步理解「感覺」這一概念，這裡再次引用榮格論述中的內容。在榮格的論述中，感覺是指感官知覺，具體是指透過感官和「體感」來傳送的知覺。感覺是一種表象因素，負責把從外部感覺到的意象傳達給大腦。感覺還是情感的一個因素，它透過「體感」的變化，重新賦予情感以感情的特徵。但感覺是把自身感覺

到的物理變化傳遞給意識，可能會以某種生理衝動的形成被體現出來，但那畢竟只是一種功能 —— 感覺反應。而感情是主觀的，可以受自我控制，並有強烈的生理衝動過程。兩者雖有一定的關聯，但又是截然不同的，必須嚴格加以區分。

在《維基百科》中，感覺被定義為客觀事物的個別特性在人腦中引起的反應，但與外部刺激有關，還與內部器官的變化有關。榮格大師將這種簡單的公理過程又分為具體感覺和抽象感覺兩種。具體感覺是一個感覺的整體與抽象、直覺、思維、情感相結合。抽象感覺則是從具體感覺中分解出來的一種「審美」形式。

榮格曾舉例來闡述具體感覺和抽象感覺的區別。例如，我們在看到一個蘋果時，首先會想到蘋果的品種、口味、產地等情況，以及對蘋果的喜歡或厭煩之情，或是夾雜著有關蘋果的生物學分類等問題，這些感覺同屬於具體感覺。而抽象感覺可以分辨出蘋果最明顯的感覺特徵，如它是什麼顏色的，是什麼氣味，什麼形狀，等等。這些感覺獨立於具體感覺中，是唯一的或最主要的意識。

榮格認為，藝術家大多具有抽象感覺。當抽象感覺與意志相遇時，具體感覺則成為審美感知傾向及其活動作用的載體。

榮格大師將「感覺」稱為意識的知覺而不是直覺，是因為感覺雖支配著思維的情感，卻未必支配直覺，直覺僅僅是無意識的知覺。這種關係與思維和情感之間既相互對立，又相互補充。

　　榮格認為，感覺是某種思維和情感相對但又不屬於理性的基本現象，它屬於「非理性」的功能。一個人在處理事情的過程中如果經常運用感覺，並把感覺作為處理事情的基本原則和方法，那麼我們就說這個人屬於感覺型。正像我們平時所說的那樣，感覺型的人在日常生活中常常喜歡「跟著感覺走」。

　　榮格認為，正常的感覺應該是均衡的。也就是說，其價值與物理刺激的強度是呈一定比例的。感覺平衡一旦失調，感覺就會出現病態。病態的感覺或是輕微的不正常，或是嚴重不正常，在前一種情況中正常的感覺被抑制，在後一種情況中正常的感覺則被誇大。關於病態的感覺，榮格這樣闡述：「抑制是使另一功能占據優勢的表現，誇大是同另一種功能的不正常的混合物。只要將那種功能感覺按本質分離，誇大就會有所轉變。」

　　在不同性格中，感覺會明顯地受到個體的限制，所以會表現出不同的性格類型。外向性格的人，由於感覺的主觀部分同時受到阻止和壓抑，使得理性的意識（如情感或思維）占優勢，偶然的知覺便成了意識的組成部分。從客觀生理角度上講，任何能看到及聽到的事物是絕對的，並非都能獲得一定的價值。當感覺本身獲取相對優勢時，便會具有客觀規定性，起最強烈感覺的因素對個人心理來說有著決定性的意義。

　　在內向型人看來，感覺是建立在主觀知覺之上的主體，這種正在被感知的主體可以將主觀意向注入客觀事物的刺激中。這就好像請幾位書畫家來描繪一處美景，其結果因個人技巧、繪畫能

力、觀察角度、採光效果等原因不同而產生區別。作品對主題的不同詮釋，反映了對主觀因素的協調和影響作用。

感覺是無意識的，它與主體與客觀事物均有關聯。感覺是主體以一種不同的觀點來觀察客觀事物，並非客觀事物逼迫進入主體。內向感覺有真正的知覺存在，是一種意象的傳達。但主觀知覺與客觀感覺是不相同的。內向型感覺是從陳舊的主觀經驗及無法預測且仍未發生的未來事件上產生的。單純的感覺印象轉化為有深度的內在。外向型感覺卻只注重事物的表象和短暫的存在形式。

內向性格的四種類型

榮格說

性格內向的人，很少向別人顯露自己的喜怒哀樂。他們在情感方面經常自我滿足，珍視自己內心的體驗；在他人面前容易害羞，說話慌張，不願在大庭廣眾面前出頭露面，做事深思熟慮，但缺乏實際行動，常有困惑、憂慮、鬱鬱不樂之感。

榮格大師透過對內向性格、外向性格及其四種功能的分析和研究，將一些特殊的性格表現與心理類型結合起來，最終得出八種性格類型。

（一）思維型

　　這一類型的經驗主要依據主觀因素。作為判斷的最終決定因素，這種主觀因素至少可以表現為一種方向感。作為一種判斷標準，它有時也是一種完整的意象。這種思維包含著一種抽象內容，其經驗常常會受到主觀因素的影響，但前提是在做決定的時候。外界事實並不是這種思維的目標和追求，雖然內向型總喜歡標榜自己是以此為目的和根源的。雖然它也許真的在實實在在的現實中盡情地遨遊了一番，但它還是以從主體開始到返回主體的形式存在，不可能從具體的經驗返回到客觀事物中去，反而直接進入主觀內容之中。在新的事實基礎上，其價值不是間接的，它主要關心的是新事物或新觀點，而不是對新事實的認知。這些事實在說明例證時有其價值，卻不能被容許占主要地位。也就是說，我們蒐集事實並不是為了事實本身，而是為了作為某種理論的證據。如果是為事實本身而蒐集，也只是為外向的風格形式讓路。這一思維認為主觀觀念和擺在眼前的原始意象的進步及表達是最為重要的東西，而事實性論證是次要的。這就使其目的會涉及到從模糊意象轉入一種光輝理念的形成過程，從不牽扯某些具體現實的理智性的觀念。

　　當外在事實進入觀念並填滿觀念的過程發生時，它的目標就實現了，它的願望是到達真實。在這一思維中，觀念雖然不是在外部事實中出現的，即觀念是被創造出來的，但它還是這類事實最抽象、最合適的表達方式。當其形成的理念會在外在事實中體

現，並致使這些實實在在的推斷成為真實有效的時，思維便完成了它的任務。

內向思維無法將原始意象轉化成能完全適應事實的觀念，這一點與外向思維無法從具體的事實中總結出完全充分的經驗性定義，或創造出新的理念一樣。因為在外向型思維中完全經驗式的累積事實會使思維被矇蔽，吞噬了這些事實的內在含義。在內向型思維中它表現出一種強迫事實變成它意象的形式的危險徵兆，或者完全不理睬事實的方式，盡情地展示它的幻想意象，這都是不正確的傾向，顯然這時要被出現的觀念取代它所喜歡的原始意象的做法不大可能。我們很容易把它身上附帶的某種神話特性理解成為「獨創性」，或在某種更明顯的實例中被理解成為一種怪念頭，原因是那些不了解神話內涵及動機的所謂的專家們認為內向思維的古代特徵並不是那麼明顯。這時主觀內在的說服力在這種觀念中往往是強而有力的，說服力的強弱與它跟外界事實接觸的多少有關。其與外界事實接觸越少，這種說服力越強，反之說服力越弱。

對那些具有熱心觀念的人來說，觀念的真實性及有效性的真正來源是那些貧乏的事實的儲備和累積。這種說法在現實中並不是真理，因為觀念的說服力衍生於具有廣泛的有效性及永久的真實性的潛意識的原型中。由於潛意識的真實性太過普遍和富有象徵意味，使得它必須首先進入到已被認知或可被認知的時代知識之中，之後才能變成對生命具有一切實用的真理。

如，因果性是在實際的原因和結果中變成可知的。

內向思維很易陷入主觀因素的真理這一陷阱中。它只不過是為了理論而創造理論。它是帶著匆匆的經過觀念世界進入完全的想像國度的傾向，雖然有明顯的參照現實的可能的事實。所以，有很多有可能性的幻想上演，可惜這無數的幻想中竟沒有一樣能成為現實，直到一種不再表達任何外在現實的意象出現，此時它們純粹是些全然不可知的象徵；當它純粹是一種神祕的思維時，會像那種僅在客觀與料的結構中進行的經驗思維一樣貧乏，在這種情況下經驗思維沉寂在完全表現事實的平面，而神祕的思維則跳到呈現不可表現者的那個平面上，更甚者超越了可用意想表達的全部。把主觀因素排除出去，讓事實自身開口說話，就會使事實的顯現帶有一種不容爭辯的真理性。同理，因為不可表現者是由於其本身的存在而有所證明，所以它的表現也擁有一種直接的和主觀的說服力。在極端的情況下，內向型思維得到其本身主觀存在的證據，外向型思維卻得到它與客觀事實完全同一的證據。外向型思維捨棄了自身，分散到客體裡；而內向型思維為了滿足自己的存在，消除了全部的內容。

在這兩種情況中，生命的進步和發展被擠出思維的區域，被迫擠入其他心理功能的領域。這些功能一直在潛意識的狀態中生存。內向思維型極少與客觀事實產生連繫，會在大量的潛意識中獲得補償。意識越受到思維功能的驅趕，把自己控制在最小最空洞的範圍中（似乎裡面有眾神的庇護），潛意識的幻想越能被大量

的古代內容，或足以被稱為非理性和魔幻形象組成的「群魔殿」（地獄之都）所豐富起來，這些形象的性質與將要成為生命的載體用來超越思維功能的那種功能的性質相一致。假如這種功能是直覺功能的話，對方會被用庫賓或梅倫克的態度來審視和評論；假如這一功能是感覺功能，那麼感官不管是在體內還是在體外，都會有些新的可能性和從前未經歷過的可能性被發現；假如它是情感功能，就會有我們從未聽過的神奇的情感故事發生。

進一步對這些變化進行研究，可將原始心理和它們所有典型特性的再現輕而易舉地展現出來，但這些經驗不只是原始的，還具有象徵性。事實上，代表它未來的真理是從經驗是否古老和原始看出來的。這是因為我們的潛意識中所有古老的東西在暗示即將出現的可能性，通常無法達到向「彼岸」的過渡，更不要說跨過潛意識的救助過程。

跨過潛意識是為了阻止自身對潛意識的現實及它的決定性能力的服從，為意識的阻力把關。這是一種以內在衰敗和腦部慢慢枯竭為特徵的心理症，是一種決裂，是心理虛弱症的表現。

通俗地講，此類人頭腦非常聰明，但不是為了成就一番事業，而是為了滿足內心的需要，所以在社會上並沒有成功，是典型的孤芳自賞型。康德（德國哲學家）就屬於這一類型。和外向思維的典範達爾文相比，前者注重主觀因素，後者依據的是客觀事實。康德把自己限定在對知識的評論上，而達爾文善於對極為豐富的客觀現實進行探討。

內向思維型具有思維的優勢特徵。

在內向思維型的人看來，金錢、地位、名利不是最重要的，最重要的是自己內心的問題。這類人在數學、物理等領域能取得很大的成就。從某個角度看，這類人可能成為極富情感的人。

這類人易受決定性觀念的影響。與其外向型對手一樣，這些觀念是來自自身的主觀基礎，而不是源於客觀與料。他同樣堅守自己的信念，只是內向型與外向型的外向擴張正好相反，其目標指向內涵，卻不是外延。正因為具有此種特徵，內向型與外向型之間才表現出了顯著的區別。像所有內向型人一樣，他們也缺少那種對立類型所具有的辨別特性 —— 與客體的密切關聯。如果客體相對的是個人，那麼這個客體對事物的消極性形式便是能夠區別的情感。如果程度較輕，就能意識到自己對內向思維者來說是多餘的；程度較重的話，則會感覺自己被別人看作是麻煩而拋到一邊。前者表現出冷漠，後者表現出邪惡。對客體的這種否定態度是所有內向型人物的特徵，因為有這種特性的存在，要描繪普遍的內向型是很不容易的。一切變得好像銷聲匿跡了。因為其與主體的關係遠多於與客體的關聯，所以其理性判斷變得冷淡、執拗且武斷不留情。但我們感受不到任何可能給予客體較高價值的評價，反而有種讓人認為主體處於優越地位的感覺，因為它是顯得想要超過客體。禮貌、和藹、友善的出現常因為了排除敵人的裝備，付出全部的代價來撫慰敵人，免得出現不必要的麻煩，而顯得忐忑不安，有某種隱祕的目的。也就是說，善良的舉動常常

伴隨著一種特殊的性質。這並不是指他是一個敵人，只是說如果他過於敏感將會感覺有種抑制或蔑視存在。

　　客觀容易被忽略，這就造成這類型往往會在誤會的情形下消失。這種誤會的形勢嚴重性是由其借助其他功能的幫助程度而定的，他越是想借助補償或他的劣勢功能的幫助，裝出和他真實本性形成明顯對比的溫柔勤快的模樣，這樣的誤會就會越深。雖然他在創造自己的觀念時，不會因為一種想法是冒險的、具有毀滅性的、不正常的、傷感的而畏懼，也不會因為任何事情具有危險而退縮，但這些事物一旦成了客觀的現實，就會使他十分苦悶，因為那與他的性格不相融。當他的觀念轉移到現實生活中的時候，這種苦悶就會暫時放在一旁；當它們不能用依靠自己的力量生存時，就又變得十分苦悶。

　　這類人認為，主觀的產物是正確的、真實的，在實際應用中也應如此；而且，他人也應對這一真理持肯定的態度。他不會降低身分或遷就任何事情來放棄自己的做事方式，以贏得別人的褒獎，尤其別人是很有影響的大人物時。然而，他的做法是很笨拙，所以每次產生的結果是和他的期望背道而馳。在人際交往中，他由於不懂得如何與人相處，做起事來顯得很笨拙。這完全可證明他的觀念追求執著、任性、拒絕接受週遭事物的影響。但如果一個人在外表上讓其信任的話，他會義無反顧地向這個人敞開大門。這使得他對私人影響的暗示感應性十分關照，這是以潛

意識來限制及掌控他的。只要他的觀念追尋不受到壓抑和干擾，他就可以忍受任何粗俗的條件和最粗魯的壓制。

因為他對人和事物的關係不被他放在主要位置，所以有時很可能出現其產品被他人暗中竊取，並有可能蒙受不白之冤。他是極力地去思考問題，致使問題被複雜化了，最終被自己設置的障礙所阻擋。他對自己的思維如何與真實世界連接，或在什麼地方與現實扣連不得而知，儘管他認為自己的思路很清晰。這種清晰只是他自身的看法，別人卻無法清楚地弄懂，必須經過一番折騰，他才可能說服自己已接受這一點。他對事物的猶疑謹慎使得他在寫作文體中時常承載很多附加物，如條件限制、保留款項、懸疑問題等等；更使得他的工作效率十分低下，進展緩慢，步履也很艱難。

至於私人關係，他們要麼閉口不談，要麼就陷入不理解他的組織中，這些讓他更加愚蠢地確定人類的深不可測。偶然有人理解他或贊同他的觀點時，他會覺得自己的本領很大。只須懂得如何利用他毫無頭緒地對待現實事物這一方面，就可以輕而易舉地征服這些人，反之他會一點一點地變成一個帶有個人想法的憤世嫉俗的單身漢。他為了躲避眾人注目而表現出一種很明顯的無憂無慮，像幼稚的天真浪漫。在他工作的特殊範圍中，時常會出現激烈的衝突，但他對這些衝突無能為力，除非他偶爾被原始感情引到這些尖利刻薄卻毫無結果的爭論中。

　　對他了解不深的人都會覺得他是個蠻橫霸道、非常自私的人，但隨著與他交往的次數逐漸增多，慢慢地就會了解他，那時對他的評價就會變得對他很有利，他身邊最親近的人會特別珍惜彼此之間的親密關係。如果這類人當私人教師，他對學生的心理不了解使得他不會產生太大的影響力。他在實際生活中並不喜歡教學，當教學偶爾給他提出理論性的問題時，也許會激起他的興致，但由於過於注重教材，不懂如何更好地執教，所以是一名不合格的教師。隨著性格的日益成熟與完善，這類人將變得更加剛正不阿，不畏懼、不屈服。或是排除外界的影響，或是對與他交往較深的人越來越疏遠，越來越沒有共同語言，而對他的摯友顯得更加依賴，語氣變得更加不客氣更具個人化，思維更傾向深奧。但現有的知識無法恰當地表述這些思索，不過這一缺陷被情緒性和敏感性所填補了。他極力排斥外部對他的影響，可外界事物又從潛意識及內心等方面侵擾他，於是他被迫進行抵禦，儘管那些東西在外人看來是無足輕重的。

　　他與客體之間的關係較疏遠，這就引發了意識的主體化。在意識的主體化為後盾的情況下，與本人有密切關聯的東西就會變得至關重要。這時他開始把自身與他的主觀真理相混淆，他雖然不會強迫別人也擁有他的信念，卻可能用犀利的語言惡意中傷每種批評意見的來源，不管那些批評是好意還是惡意的。所以，他會在各個方面都感到身陷孤立無援的境地。時間一久，這會使他原本豐富的觀念因為沉積、憎恨的侵蝕而變得帶有破壞性。他由

於和外在環境存在著隔閡，導致他對來自潛意識作用的抵抗越來越強，直至他開始慢慢喪失行為能力為止。他以為要想不受潛意識的影響，必須退到更深一層的思想空間。實際上，這會將他捲入更深的、從內部毀滅他的矛盾衝突中去。

內向型思維將積極而綜合地在那些很接近原始意象，且具永恆態度的觀念上謀求發展。這些觀念與客觀經驗的連繫漸漸疏遠，觀念會變得越來越具神祕感，此時它不再是真實可信的了。只有他的思維與他所處的時代中所發生的大事件有鮮明的關聯時，那些與他相處在同一時代的人才會認為那是有意義、有價值的。一旦思維真的成為諸如神話之類的東西，它就會變得越來越沒有價值，越來越不相干了，直到最終解體。

所有這一類型困擾的客觀影響都來源於下面這種特徵，這是一種與內向型思維對立抵抗且相對於潛意識的情感、直覺和感覺功能所具有的一種原始外向特徵。這些功能不占任何優勢。各式各樣的自我防禦措施以及更誇張更離奇地籠罩在自己周圍的保護網，都是這類人一慣用來防範「魔力」影響的手段。

（二）直覺型

在內向型性格中，直覺直接針對著內在客體（這是潛意識內容的專用術語），因為意識的關係與外在客體的關係類似。當然，內在客體的現實是心理上的，而不是特質的。

內在客體以事特的主觀意象出現在直覺知覺中，它們形成潛意識的內容，特別是集體潛意識，儘管它們不與外在體驗融合。從其所具有特點的角度上講，這些用來構成潛意識的內容是其與外在客體共有的一種性質，不容易被經驗所控制。外在客體與我們對它們的認知相對形似。不只是外在客體，就連內在客體的形象形式也是如此，因為直覺功能的特殊性及內在客體的本質不易被我們了解和控制而導致的。

直覺與感覺一樣都有主觀因素。這種因素在內向型直覺中起著舉足輕重的作用，但在外向型直覺中得到了最大限度的壓制。直覺並不關心它是否受外在客體的刺激而產生功能，儘管外在客體有時會給直覺投射內容。內向感覺主要是被潛意識所知覺到的神經刺激現象所局限在這一範圍內，同時這一限制範圍方面的主觀因素也受到了內向直覺的抑制，並且內向直覺透過這些方面去感知那些引發神經刺激的意境。這一過程是兩者間的相互作用。例如，一個人心因性暈眩發作時，神經系統紊亂的這一特性是感覺所關心的事項，並且要去認知它的全部特殊性質、強度、瞬間變化情況，以及是如何到來，又是以何種方式離開的所有細節，它卻不會去研究那些造成神經系統紊亂的因素。

而直覺對於直覺來說，它卻只從感覺中獲得了直接行動的動力或是洞悉到場景的內幕，快速地感知到引起暈眩發作的這一特殊現象的那種內在意象。它看到的意象是任意的，如看見一個懸掛著的人，搖搖欲墜，他的心像被利箭穿透。這種奇怪的意象使

直覺活動迷失或是直覺被意象捕捉。它抓住這一機會，以最高的興致觀察、研究這個圖像的變化、發展、消失狀況，甚至用一切辦法去探究意象的所有細節。

內向型直覺知覺了意識背後的全部過程，這鮮明的程度和外向型感覺對外在客體的感受相同。潛意識意象得到了事物的尊貴性（dignity）。對於直覺來說，因為它拒絕了感覺的協作，對神經系統的擾亂和對潛意識的意象會對身體造成什麼樣的影響，我們就不得而知，最多只對其有不充分的注意。這樣意象似乎與主體全部分開，與人沒有任何連繫地獨自存活著，所以當內向型直覺者暈眩發作時，他不會想到或許是知覺的意象以某種方式指揮著自身。與這類人相處時，我們往往會感覺到這種意象的存在。這是個不可爭論的事實，而那些傾向於理性的人卻認為這是不可能的。

對於內向直覺型的人，榮格大師這樣評價，他們很難適應現代紛繁複雜的社會環境，即使有直覺能力，也將偏於固執己見。根據這一特徵，榮格大師認為他們適合從事與宗教及神祕事物有關的活動。

外向直覺者對外在客體的明顯冷淡態度，與內向直覺者與內在的客體的關係相似。內向型直覺者從一個意象進入另一個意象，在潛意識豐富的內部尋找每一種可能，但並沒有將自己與它們建立起任何關係。這點與外向直覺者不斷地尋找新的可能性相似，而且在尋找可能性的過程中自己的利益與他人的利益完全不

被關注，沒有任何關於人的考慮，只是義無反顧地前行，並將他堅持尋求變化的過程中新建的事物通通破壞掉。對於只用感覺來看待世界的人來說，世界並不會成為一個簡單的道德問題，這點同樣適合用於直覺者。在直覺者的內在意象中，世界也同樣不會成為簡單的道德問題。從兩者共同的角度來看，這是一個審美的問題，或者說是一個知覺的問題，總的來說就是一種「感覺」。這就是外向直覺者很少意識到自己肉體的存在，也很少意識到肉體的存在會對他人造成影響的原因。因此，他會對自己有「現實生活中很難找到甚至沒有我生存的空間」的想法，常常使自己沉浸在毫無意義的幻想當中。

創造力得到充分發揮，可使潛意識越來越豐富，但對潛意識意象的知覺不會直接產生功效。儘管如此，其對豐富整個心理經驗還是有很大意義的。因為它也是看待世界的一種方式，並且能為個體提供新的潛能。就像內向直覺型是一個民族心理生活的必備型，雖然它對外在世界還很陌生，如果沒有這一類型，那麼以色列的先知們就不會出現。

內向直覺者所追求的是那些先天性的東西，即產生於潛意識心理內的遺傳基礎的意象。這些雛形的內在性質是歷代先人心理運作的結果，是無法被經驗所掌握的。這一內在類型是機體存在的廣泛經驗經過億萬次的重複後凝聚、累積或彙集而成的。經驗越豐富，效果就越明顯，就越有聚焦性。用康德的話說：原型是被直覺所知覺，並在無知覺中創造的意象的個體。

　　榮格認為，潛意識是與我們形影不離，並且不斷地經歷著轉化的東西，這些轉化內在地扣連在一般性的事件上。內向型直覺透過潛意識對這種內在過程認知，就對外在世界事件的理解提供了一些十分重要的材料，甚至能夠清晰地預料到可能發生的事物的輪廓，以及隨後發生的真實情形。因為原型表示統領一切可得到事物經驗之道的規則，因此，我們可以透過它與原型的關係來理解這種先知先覺的預見性。

　　內向直覺的特殊性質如果處於優勢，就會有一種特殊類型的人產生，也就會有神祕莫測的幻想者、預言家或幻想的狂人和藝術家。其中藝術家被看成是這種類型中的正常情形，因為這種類型的人有把自身局限於直覺和知覺特性之間的傾向。知覺是直覺者的主要問題，那些具有創造性的藝術家也是如此，知覺也成了形塑的主要問題。愛幻想的狂人由於是這些靈視（vision）的觀念所描繪與限制出來的，因此滿足於靈視的觀念。

　　個體與真實之間強烈的疏遠是由直覺的強化所導致的，這使得他在生活圈子中變得像個「謎」一樣的人。他如果是一個藝術家，就能在藝術領域創造出許多新奇古怪的作品，這些作品中既有色彩斑斕的，又有繁瑣無聊的，還會有可愛的、怪誕的、狂妄的……如果他不是藝術家，將會是一個得不到賞識的天才，一個「走錯路」的偉人，一個聰明的傻子，或是一個「心理」小說中的角色。

　　把知覺當作一個道德問題來看，必須對理性判斷功能進一步強化，而且必須強化到某種程度。這一看法跟內向直覺型的傾向不相吻合，但判斷功能的輕微變化足以將直覺知覺從完全的審美觀念領域轉至道德觀念領域裡去。如此，這一類型便有了從本質上區分審美形成與變化的依據。但此時它仍有內向直覺者最典型的特性。當直覺不再滿足於純粹的知覺及其審美外觀和審美評價時，它會試圖與靈視建立起某種連繫，在他面對諸如「這對我和世界有何意義」、「對我和世界來說，從這種靈視中出現的有關責任或任務的東西是什麼」等問題時，道德的問題就會跟隨而來。

　　然而，那些抑制判斷或知覺機能支配判斷的直覺者不會遇到這類問題。他們唯一的問題是如何知覺事物。在他們眼中，道德問題是不理智的、荒唐的，認為它相當程度阻止了自己考慮那些無法捉摸的東西。但有道德經驗的直覺者與之相反。他會反省靈視的意義，較多地考慮從靈視內在涵義裡表現出來的道德效果，較少地發掘其較深一層的審美可能性。不管他是消極的還是積極的，他的判斷力認識到作為一個人和一個整體的人，是用某種方式與他的靈視以內在的形式關聯著的。還認識到這並不只是可被知覺的，而且是渴望加入主體生命的。對這一切的認識，使他意識到必須將他們的靈視轉移到自己的生命中去。

　　內向直覺者的潛意識主要是對客體的感覺方面進行限制或壓制，因為在他的潛意識中可以找到一種外向感覺功能。這種外向

感覺功能具有原始特徵的補償性，所以潛意識人格被說成一種相當低級和具有原始秩序的外向感覺型。

對於這裡所說的補償性，阿德勒這樣評價：那些低等器官及其系統與外部世界發生的衝突，是在脫離母體器官時開始的。這些衝突會被觸發，其激烈程度比在較為正常發育的器官中發生的衝突嚴重得多。胎兒的特性也提高了補償與過度補償發展的可能性，促進一般抵抗與特殊抵抗的能力的發展，保證了更新、更高的形式和成就的發展。

心理症患者由於自卑而帶來的一種具有輔助功能的特性，叫做補償性。這種補償性能夠指出一種「虛構的引導路線」，以使心理獲得平衡，消除自卑感。這種「虛構的引導路線」是「努力」把劣勢轉變成優勢的心理系統，補償性功能在心理過程中有著不可或缺的作用。這一功能與生理學領域中的某些類似功能相對應，如生命有機體的自我調節或自我定位。

阿德勒的理論將補償限制為簡單的自卑感和平衡。

榮格對此持有不同的看法。他認為，補償性是心理機制內在的一般性的自我的功能調節。

根據榮格對補償的不同理解，我們將潛意識行為視為對一般的由意識功能產生的態度的片面性的補償。心理學家形象地把意識說成眼睛，如有人常說「意識的視野與焦點」。只有很少的內容可以同一時刻在意識領域中被掌握和了解，能達到意識程度的最高峰是極其困難的。這一比喻形容而貼切地說明意識的本質特

徵。意識的成功是挑選，挑選的要求是經驗。（經驗是用來表達態度的一般原則，每一態度都定位於某一觀點，無論這一觀點是潛意識還是意識。如權力態度就是定位於施加強制性影響與限制的自我權力的觀點；思維態度則是將邏輯原則當成其最高的法則；感覺態度卻定位於過去已經規定的事實的感官知覺。）經驗要求摒棄一切無關聯的東西，所以意識經驗不可避免地具有片面的特性。那些由於對經驗的選擇而被摒棄或被抑制的內容就進入了潛意識當中，並在其內部形成一種意識與經驗相抗衡的力量。這種相互對立的陣形的增強和意識的片面性的強化一同進步，直到心理緊張出現為止。這種心理緊張有對意識活動的抑制，也會遭到意識的破壞。這是一個循環的過程。隨著心理緊張變得越來越激烈，潛意識內容將從緊張中掙脫出來，以夢幻與自發意象的狀態潛入意識中。

意識越片面，從潛意識中喚醒的內容與其就越敵對，這就證明意識與潛意識本身就存在著真正的敵對關係。此時，補償會以對立功能的形式出現，這一形式是極端的。潛意識的補償可以說是意識的對立對象，說成意識經驗的平衡或補充更為恰當。如，夢中潛意識可能會提供所有意識情境，蒐集到的內容被意識挑選或限制。

榮格認為，在常態下補償是潛意識的。在患有心理症的情況下，潛意識與意識間的強烈對比，導致補償作用被打亂，所以對

這種心理症的分析療法就是為使意識的內容能被意識到，使補償重新發揮它的作用。

再回到內向直覺者的補償性的外向感覺功能這一話題上來。這種感覺的主要特徵是本能性以及它不受節制，並有很強的明顯的對感覺印象的依賴。它是對意識態度的一種補償，給意識態度增加了幾分能量，避免了那種過度的「昇華」（sublimation）。潛意識會變成一種敵對的狀態是因為直覺態度的強制性被誇大，使得屈服於內在知覺的情況有了進展，這一對立使太過依賴客體並與意識態度公開對立的強制性的感覺產生了。這種形式屬神經症的表現，即強迫性心理症。這其中有憂鬱症的表現，有些是感覺器官的神經過敏，有些是對某些人或事物的強迫性連結。

（三）情感型

內向型情感的定位主要依據主觀因素，與外向情感有明顯且本質的區別，它有一個外向思維型的陰影。不用懷疑，儘管內向情感型的特徵會在人們感覺到它時立刻現形，但如果想把內向型感情過程用理智的手法或簡潔的過程呈現出來，就顯得很困難。這種情感很少被呈現於外表的現實，使其時常受到誤解，而一切原因都是由於其主要受主觀因素的限制，其次才涉及到客體的原因。這種情感明顯地是對客體的蔑視，所以情感往往帶著否定的面具出場，而肯定的情感好像只能以間接被推論出來的形式存在。它的目的是居於客體之上，而不是自我適應客體。它追尋的

意象在現實中根本不存在，只因它曾有過這一意象的一些幻覺。為了使潛在意象實現，便在潛意識中付出了巨大的努力，即使那些與意願不符的客體流走，它也不在意，卻為內在緊張而努力；對於客體也只是為這種緊張有少許的衝動。這種情感的內部永遠無法被清晰地了解，只能猜測。他由於十分敏感，使他人閉口不談，無法與之接近。他極力逃脫客體而延伸到主體的內部，使他以消極的評判進行自我防禦，或裝出一副高深莫測的冷淡態度來抵抗外部的侵入。

　　榮格認為，原始意象屬於觀念，同時也屬於情感，所以和「上帝」、「自由」、「不朽」等基本觀念一樣，既有觀念的意指，也有情感的意義。這就說明，前面對內向型思維的闡述，同樣適用內向型情感，只不過在內向思維型中所有內容都由理智詮釋，而在內向情感型中一切都由感覺支配。對於如何將這項事實明白地表達出來，思想顯得比情感更有說服力。我們需要一種能力，它必須超越一般性敘述或屬於藝術展現層面之上，之後這一情感的真正作用及其真實價值才會合乎情理地表達或貼切地傳遞給外部環境。因為它太過貧乏地與現實產生關聯，或者說它與現實之間幾乎封閉，所以主觀思維無法輕易尋找到一種合適的理解，類似問題在主觀情感中也會出現，而且比主觀思維更勝一籌。

　　內向型情感必須找出某種可以把主觀情感融入其中，並讓其自身讚許的外在方式，這一外在方式也一定能夠在別人身上挖掘出雷同的情感。在此種方式的幫助下，他才能與別人很好地進行

交往。人類擁有相對的一致性，這種一致性包含內在一致性和外在一致性，因此才使上述問題得以解決。只要內向型情感依然將主要定位放在高深莫測的原始意象的積蓄上，情感找尋到一種能夠接納的方式將比登天還難。某種態度把內向型情感扭曲時，這種情感便會馬上改變形象，變得毫無憐憫之心，而且它最為關注的內容也會變成只與自身有關聯的事物，這種態度就是以自我為中心的態度。

它是極力在喚醒某種讓人感傷的自我興趣，或者說是自我欣賞，更甚至是病態的自戀印象。這種以自我為中心的情感的鞏固，只會導致一種不切實際的、毫無內容的激情產生，這一激情也只可覺察到它仍然還在，正如追尋抽象的內向型思想家的意識一樣，那意識已經被主觀化，而且這種意識僅能圓滿地鞏固某種自身很不實際，又無內容的思想過程，僅僅如此。這一神奇且撲朔迷離的時期恰好給被情感限制的外向功能撐開一片藍天，內向型情感遭到一種原始思維的反向平衡，這一原始思維的具體性，及依靠真實的情況以達到極點。這一過程和內向思維遭遇某種原始情感的反向平衡，其間客體依附了一種奇特能量的過程，這一情感接連不斷地與客體脫離了關聯，更有可能將全部的傳統價值一併摒棄。這一切只是為了給自身創建一種純粹歸屬主觀性行動和心靈的自由。

榮格發現，女性中多出現這種明顯的內向情感，用「靜水則深」來形容這類女性十分貼切、真實。許多這類女性性格文靜，沉

默寡言，較難接觸，難以捉摸；她們往往表現出一種幼稚可愛或平庸的樣子，顯得自己毫不出眾，看上去顯得很憂鬱。她們的主觀情感掌握了自己生命的支配權，真實的動機被擋住了，所以她們顯得不太真實；她們和諧的舉止並不會引人特別注意，但她們富有愛心，經常參與慈善活動；她們與人相處很和睦，容易與他人產生共鳴，但不會去關心他人的感受和幸福，不想用任何方式或態度去打動、影響他人，或讓其按照自己的意願去做。

這類人帶有「外向思維型」的陰影，這種陰影一旦將其俘虜，就會變成一個衝動的決策者；假設她們那種對外的一面被反覆提及，馬上就會出現一種冷淡和一切不放在眼裡的顧慮，可以很顯然地覺察到情感對客體疏遠。一般來說，只要是正常的類型，客體產生太過激烈的作用時才會出現此種情況。和諧的氣氛不被打破，僅僅發生在客體以一種情感適宜遵循自我路線行進的過程中，這種行進方式並不會使客體駛入他人的運行軌道。客體的真實情感容易受到來自消極的情感判斷的阻攔或挫敗。此時，大家都會為拯救真實情感而努力，卻不會接納那種消極情感。人們也許會為了友誼合乎情理而積極地做準備，而不熟悉的客體卻表現得不那麼友好，沒有絲毫關懷和溫馨，相反只遇到冷冷的態度，甚至待人有種無情的感覺，覺得自己是個多餘的生命。

當出現某類能讓人迷失或激起熱情的東西時，內向情感型的人往往會採取保持中立的態度。既不肯定也不批評，有時還會用一些優越感的力量給那個導致敏感的因素一些厲害。龍捲風似的

熱情卻遠不如冷淡來得殘忍、來得野蠻，除非它穿透某些原始意象的復活或恰巧站在潛意識的角度將主體控制住，也就是說，情感全被控制了。

在潛意識被觸及的情況下，他首先會產生片刻的鬆懈，而後必定產生更加固執的抵抗，直接攻打對象的要害。在他與對象間的那種平衡而健康的情感關係中，絕對不會存在激情。不修邊幅的放縱，所以才會出現上述說到的冷漠，即情感的外顯十分貧乏、稀少甚至吝嗇。當對象感覺到這一點時，他在很長一段時間內都會有一種被人輕視的感覺。當然也有例外，有的人常常覺察不到他顯露出的冷漠情感。這時，潛意識的情感要求會漸漸產生幾種症狀，這些症狀具有強烈的需求得到注重的特徵。

有些膚淺的人說他們沒有感情，因為他們對人對事都表現出一種十分冷漠的態度。其實，他們情感具有向內部收斂的特徵，並直向更深一步發展而不是外延。內含的同情雖然不能用任何方式來表達，但能得到一種有深度的激情，這種深度有如「悲痛的世界」此類的內含，致使激情最終無所適從，麻木不仁；外延的同情感能靈活地運用語言或肢體語言和行為動作形象地呈現於外部世界，用來快速掙脫對它的印象最後返回到正常。內含的同情也許會瘋狂地衝出來，致使有一處可謂英勇過人的驚人行為產生，任何方式都無法在這種驚人的行為和他本身找到一種正確的關聯，包括客體與主體在內也辦不到。對於外向型來說，因為它沒有任何讓人感覺它是熱情的明顯的表現，外向型的意識不會相信那些

看不見的力量正存在著，所以這種同情看起來顯得十分冷漠。這樣的誤會在這類人的生活中常出現，常用於否定他們與對象間可能有任意一種情感關係的存在，而且是最有說服性的證據。這種情感寄予的真正對象被正常類型的自己給神化了，那些極力想擺脫庸俗的看法而具神祕色彩的宗教情感，保存完好、私密的詩的形式，都是情感深寄的對象所具有的表現，其中有一種想使用某種手段來體現高人一籌的優越性的野心。女人常會將這種感情透過孩子體現出來。

在正常類型中，榮格認為上述情況以它私密的情感想超越別人無法做到的擾亂作用，雖然以前從未真正嘗試過，但其一些痕跡仍然很難壓制。這種使人壓抑的情感感覺，使她周圍的人像著了迷一樣，也就是說這種力量賦予這一類型的女性一種神祕感，因為這恰恰對外向型的潛意識進行了一次衝擊，所以她才會顯示出某種巨大的誘惑力。她經常有意識地將這一魅力加於自身，這種魅力因為是從潛意識的深層意象中滋生出來的，因此會造成誘惑力被貶低並受到損害，最後變成對自我的虐待，這種內含的情感所具有的神奇魅力會不斷地變成庸俗而寒氣逼人的野心，或虛榮而不正常的虐待，前提是自我與潛意識主體不斷地相結合。我們所說的為了自己的野心而不擇手段，陰險可怕而又殘忍的女人就是這一變化的最好體現。嚴重時這一變化會導致心理症的產生。

自己能感覺受限於潛意識主體，或知道有比自己更強、更高、更有力的東西存在，就說明這一類型的人處於正常狀態。潛

意識思維雖然有原始的特性，但他的還原功能有對那種把自己提高至主體的突發衝動的補償。不論什麼時候，這種情形一旦由某一特殊物質的徹底壓制而產生，潛意識思維就將跑到對立方向，向客體做投射，而這種特殊物質恰恰是潛意識還原思維時生成的一種物質。

這一過程會使以自我為中心的主體覺察到別人在思考某種罪惡的籌劃，或在策劃某種卑鄙的勾當等。為了不使敵人得逞，他會採取必要而充分的防禦措施，在受到他人製造的謠言攻擊時，一定會拚命地將眼前的劣勢轉變成優勢，等等。這些過程都是在暗中較量的，不論是卑劣的行為，還是不擇手段地將「美德」變形使用，都會給這場激烈的較量增添更多的籌碼。

當然，這種發展過程最終會導致衰敗。在心理症中會表現出伴隨較為嚴重併發症（如貧血）的神經衰弱。這類人應該自我調控使自己形成心態平衡的人格。

將性格分為八類，是為了便於更好地判斷人的性格。

每個人的具體性格都很複雜，屬於複雜的混合型。我們知道自己屬於哪種類型後，應努力使自己朝著那種類型的某些優勢方面不斷發展，以實現自己的目標與追求。

低級功能是自己陰影的原型。這一原型如果能被充分認識並加以整合，就能使人不斷向自己所希望的類型靠近。那樣的話，你以前不願接受的人，後來很可能會成為你的好朋友。但請記住，在與人交往的時候，千萬不要炫耀自己。

一個人在成長過程中，最關鍵的是能夠自我理解，並有效地控制這一無意識。透過自我與無意識的對話，使自己不斷改變，不斷成長，這才是人的生存目標。也就是說，人的一生要成長，透過與不喜歡的人交往，也就是與自己的影子交往，才能不斷地提高自己。因此，人一定要重視自己和自身的無意識。

人與人之間的性格差異很大，性格特徵會在人的態度和行為中體現出來，也就會在職業生涯中自然地流露。

在職業活動中，職業本身要與性格相互協調。如在服務行業，服務人員面對的是大眾，這就需要表現出熱情、周到、親切等美好的品質，給人以溫暖、自然、舒服的感覺。

對於求職人員來說，他們在面試或適應期期間常常表現出浮躁、冷酷、孤傲、狂妄自大等惡劣品質，因此常常不能被用人單位錄用。但從另一角度看，這類人也有獨特的優勢。例如，冷酷的人在音樂方面可能會有所造詣；孤傲的人好以自我為中心，會在藝術上取得特別驚人的成績，等等。

不同性格適合不同的職業。某種性格的人也許在某個崗位上能做得得心應手，但在其他行業未必能做得一樣好，甚至變得十分笨拙。下面針對性格的具體類型與特徵，制定一些相應選擇職業的方法。雖然這種配對不能達到最科學最合理的效果，但也有一定的實用性。

變化型

喜歡在新環境或出乎意料的環境中工作；喜歡經常性地變換職業；尋求多樣化的生活，是關注那些從一件事轉移到另一些事上的職業。

服從型

這類人習慣對別人的指示按部就班，喜歡讓別人介入自己的工作，並對他的工作負責，不願自己獨立做決策。

重複型

對反覆做同樣的事情並不感到厭煩，而且很願意按別人分配的計劃或進程機械地辦事；善於做重複性的、有標準性的、有規律性的事。

協作型

這些人很願意與他人合作完成工作，並能從中體會到合作的樂趣；他們渴望從同事那裡得到讚美和認可。

獨立型

喜歡對自己一切活動做完美而周到的規劃；喜歡引領他人的活動；做獨立和負有責任的職業會感到身心愉悅；有較強的預測能力。

機敏型

這類人能夠很好地執行任務,即使是在很危險很緊張的情況下,仍能相當出色地完成任務;在十分危險的環境中,能夠控制自懷,調節情緒,鎮定自若。

勸服型

渴望說服別人,使其贊成他的觀點;常常對別人強制性地做出某種行為;善於影響別人的觀點、判斷和態度。

表現型

他們喜歡在能表現自己的喜好、興趣和個性的環境中工作。

嚴謹型

重視工作細節,按計劃一步一步地將工作盡力做到最完美;做事嚴謹、細膩、努力;當自己透過努力做好一件事時,會感到非常高興;注重成就感。

性格對於一個人的成功起著不可估量的作用,但還需要積極的進取心才能使成功變得容易。任何一個人的性格都不是完美無缺的,比如謹慎可能使人保守;勇氣可能會使人妄為;軟弱可能使人保守……所以,性格的表露如果沒有一個標準,良好的性格就會有所轉變,從而對自己的事業產生不利的影響。性格是把「雙

刃劍」，我們一定要把握好它，使它揚長避短，在職業生涯中發揮出應有的鋒芒。

性格類型中包含「情感」這一重要的功能，所以性格對家庭、同事以及親人之間的關係等都有巨大的影響。當我們與親人、朋友之間的關係忽然緊張起來，我們要及時調整性格，使之揚長避短，發揮它的長處，緩解彼此間的氣氛，排除緊張局面。

下面舉例談談如何改變性格以及化解婚姻之中出現的危機。

婚姻雖然不是我們所要研究的對象，它卻是當今社會普遍存在的一個問題。值得一提的是，這些問題往往與夫妻雙方的性格有關。如果雙方都能適當改變自己的性格，盡量地去適應對方，那麼夫妻之間一定會出現十分和睦的局面。

有這樣一對戀人，婚前彼此恩愛。可是婚後不久，妻子三度提出分手。由於不希望父母和朋友擔心，兩人一直沒有辦理離婚手續。他們就這樣在婚姻中煎熬著，矛盾日益尖銳。

丈夫的講述讓我們了解到了他們各自的性格：

「我一向自以為是，但為人正直、講義氣、單純、重友情。不論做什麼事，我的鬥志是很旺盛，自信心強，具有領導他人的能力，但缺乏耐性，有時行事衝動。

「我太太重感情，善解人意，有同情心，愛憎分明，不媚俗也不甘平庸，較有新意，細心而有品味。但是，她做事一意孤行，占有欲強，比較任性。

「婚後不久，我們產生了矛盾。我時常忙於外界的應酬，有時與朋友一起聚會，或參與一些研討會，工作的同時還要去進修。由於沒有太多時間陪她，我鼓勵她廣交朋友，以擴大自己的交際範圍，給自己多找一些樂趣。可是，她非要我和她一起吃飯，一起聊天，一起出遊……於是，彼此之間的矛盾便產生了。我想抓緊時間多學點本事，她卻要我時刻陪著她。我覺得她就像成功路上的一塊絆腳石，怎麼踢也踢不開。

「我覺得自己是個好先生，不抽菸，不喝酒，不賭錢，有穩定的職業，人緣很好，受同事、朋友們的歡迎。可我就是不明白，為什麼我得不到她的認同。我感到非常失落。

「直到看到了榮格大師有關性格的分析後，我才明白一個人的性格對婚姻的重要作用，於是漸漸改變自己的性格，去適應對方，努力維繫婚姻關係。漸漸地，婚姻問題得到了改善。

「原來，我的性格存在一份要他人就範的觀念，喜歡讓身邊的人受我控制。這種思考模式和行為竟不知不覺地被我使用了三十多年，正因如此我的婚姻幾乎快要瓦解。我太太那份對感情的執著，我一直以來都未能了解。

「她心底的潛在渴望，就是愛她的人無論任何時間都要重視她的感情需要，關懷體恤她的感受。

「我把這一感受告訴了太太，並和她學習了榮格大師對於性格的解釋及分析。最後，我們雙方都恍然大悟，如果能早些時候接觸到有關對性格解析的書，情況不會淪落到今天這種地步。此

後，我們學會了相互鼓勵、尊重、關心及扶持。太太更了解我的性格和脾氣，使我有了更多自由的空間。而我也會徵求她的同意，並很在意她的感受。

「在我悉心的關懷的愛護下，一年以後，太太為我們生下了一名女嬰，她活潑、健康、聰明、可愛。

「榮格大師和他對性格的剖析，將我生命中情感的部分重新調動出來，將我對感情世界的麻木不仁完全摒除，為我的婚姻生活重新增添了光彩。現在，太太接受我做事待人的態度，同時對我的成就也持肯定的態度，並且我也戰勝了自己陰暗的一面，我清楚了什麼是『愛』，懂得怎樣去『愛』我身邊的人。」

用「商場如戰場」來形容如今的競爭，一點兒也不誇張。在這個既有機遇又有挑戰的大潮中，虛偽的人太多，真心朋友太少。慢慢地，一些自認為成功的人總結出一套被扭曲了的成功經驗：

為人奉行「弱肉強食，適者生存」的森林定律；

競爭遵守「勝者為王，敗者為寇」的教條；

與人交往善於「見風轉舵」，講一些「善意的謊言」；

為達目的應不擇手段，否則別人會笑你的行為是「婦人之仁」；

在人際關係裡「你急總比我急強，你死要比我死好」是他們的原則；

在男女關係上，他們認為愛「美」之心人皆有知，到手就要「拿得起放得下」。

這種被扭曲的處世哲學，其實是對人性的抹殺，對靈魂的誣衊。初涉職場的人，一定要學會保護自己，同時要努力把持自己。人是需要滿足，而不僅僅局限在金錢、名利、地位和權利上，要知道還有基本的生理需要（對空氣、食物、水、排泄、休息和性需要）、安全需要（生命需要安全感；安定的生活，有溫暖的家庭，穩定的生活環境，固定的收入；危險時的逃離；不受傷害的侵擾等）、愛與歸屬需要（愛與被愛）、尊重需要（被別人視作有價值的人）、自我實現需要（理想的實現，將智慧和才能貢獻社會等）都是每個人應該追求的。

成功的定義從此不僅僅是金錢、名利和地位的總和。成功的人生是我們肯為自己的行為負責；有良好的人際關係；事業上大展鴻圖等。

要想在事業上有所成績，就要了解與你事業有所關聯的人都會有什麼樣的心理。這是一個很重要的因素。只有掌握同僚、領導、客戶和競爭對象的性格、行為和思考模式，才能更好地與他們交往，才能讓自己的事業一帆風順。

俗話說，「知己知彼，方可百戰百勝」。那麼要想事業取得成功，首先要「知己」，還要「知彼」。

「知己」要了解自己的性格，如自信、積極的自我調控能力、自我情感的確認、自發性等。個體的優良性格一般表現為：自我確認的能力；自信心；自我調控的能力；自發性。

這些好的優點要不斷地發揚，否則就會成為我們走向成功的阻力。對待別人，要鼓勵他們傳承這些優點，擺脫那些惡性性格的束縛。對於陰暗的那一面，每個人都有，而最易受到負面的「自己」這種行為影響的形態有：自私、自閉、自大、冷漠、放縱、自戀自憐、病態恐懼、精神錯亂、自我膨脹等等。

「知彼」是其次。不同性格的人，當遇到壓抑或情緒異常時會顯現出不一樣的情況。他們如果是同事、主管或朋友，就應該特別注意，執迷不悟的反抗只會適得其反。

等大家都心平氣和，再去處理問題最恰當。

假如對方是事事尋求完美、愛挑剔的類型，就應該：

做事誠實；有條不紊；處事公正；不偏不倚；尊重他們的意見；體諒他們對你的批評（因為那是好的）；知錯能改；勇於承擔責任；不要對他們隱瞞任何真相，否則後果不堪設想；關心他們；讚美他們做事認真的態度；主動替他們分擔力所能及的工作。

假如對方的性格善良，喜歡助人為樂，希望所有人都需要他的幫助，你應該協助他們去幫助別人；欣賞並誠懇地感謝他為你做的一切；主動關心他，並與他分享快樂的時光；注意他的感受，批評時語氣要委婉；經常提醒他們要抽出時間多關心和照顧自己。

假如對方是十分注重形象，以目標為準則的人，你應該不要在他專心工作時打擾他；竭力協助他完成任務；對他的成績予以讚賞和肯定；誇讚他的能力；樂於與他合作；給他意見時不要為

他做主；不要在他面前逞能或炫耀；讓他出風頭的同時，也要讓他發現自己的缺點。

假如對方的性格屬於情感豐富，浪漫，我行我素，求創新的類型，你應該讓他知道你是關心他的；在他們發洩時，不要阻止或干涉，更不要教他如何發洩及處理他的情緒；不以怪異的眼光看待他的創意及審美觀；尊重他對事物的看法；把他提出的意見放在心上；鼓勵他把自己的幻想和新意說出來。

假如對方屬於善於思考分析，冷靜機敏，不依賴他人，喜歡獨立的類型，你應該給他自由發揮的空間；提意見時直接簡潔，忌囉嗦；不干涉他的工作和生活；不強迫他做任何事；與他合作要準時，果斷，有立場，不要含糊不清；與他商量時，有所準備且要有邏輯性；他喜歡與其相處的人有智慧、有內涵；偶爾讓他協助你工作；重視他提出的意見；提醒他要時常考慮他人的情緒和感覺；對他的聰明才幹、分析能力和特長要予以讚賞。

假如對方屬於忠誠，照章辦事，注重權勢，多疑，警惕性強的人，你應該讚揚他的忠心與誠懇，盡職盡責；不要向他提出太多的新方案和工作要求，因為他會感到壓力太大而討厭你；不要安排他去做一些使其成為焦點的工作，他會感覺渾身不自在；說服他時要提出可靠而有權威性的證據；對他要以誠相待，不要懷有敵意；認真傾聽他的意見和忠告，不要聽了一半就表示自己已經明白，更不要心不在焉；對於他提出的問題，要不厭其煩地予以回答；切忌批評他對工作沒有幹勁，保守，缺乏勇氣；表現出

你很珍惜與他的感情；真誠地感謝他對你的關懷；讚揚他的辦事能力；引導他信任別人。

假如對方愛好廣泛，性格開朗，社交能力強，你應該投其所好，與他一起從事一項新的嘗試；讓他自由發揮自己的長處；協助他完成複雜的工作環節；讓他出風頭；不強迫他做決定；隨時準備在緊要關頭完成他分配的工作；不要強迫他改變生活方式；在他面前要保持輕鬆幽默的態度；容許他有多種選擇；提醒他要抓緊時間工作，但語氣要婉轉。

假如對方喜歡統領他人，率直，好衝動，幹勁十足，你應該讓他做重大事件的決策；不要在別人面前批評他，使他沒面子；稱讚他的毅力；重視他的意見；鼓勵他富有正義感；不要嘲笑他；注重他的感受，因為他有時很像小孩；在他做出倉促的決定時，及時提醒他要謹慎；在他情緒高漲和暴躁時，切忌阻止他，避免成為他發洩的目標；在他落魄、沮喪的時候，及時走到他身邊給予安慰，讓他重新找回自信。

假如他怕生是非，不愛出風頭，喜歡依賴別人，性格文靜，遇事不爭，你應該給他足夠的時間去完成工作，且不要給他太大的壓力或在他面前顯得過於能幹，因為那樣會使他產生自卑感；不要把他優柔寡斷、慢條斯理的做事風格當作批評的對象；鼓勵他盡快做完分內工作；重視他的意見；不強迫他做人際衝突中有關支持對方的決定；不強迫他屈服於任何事物；讓他做最終的決定。

　　我們應該怎樣及時緩解自己的情緒，使周圍的人不因為自己一時的不快而受到傷害呢？榮格大師對性格的全部分析及見解，使我們掌握了一張逃脫逆境、解決人際關係矛盾及化解生活中困難的王牌，從而使我們突破自我，受人尊敬。榮格大師的方法如下——

◎　使用「深層呼吸法」

　　　　當你情緒不穩定，想要發脾氣時，可以「氣聚丹田」，然後慢慢將氣呼出。將呼出的節奏分為四個階段。這樣你就能消除怒氣，有效地控制自己的情緒。這種「深層呼吸法」可以使容易憤怒和躁動的情緒，節奏變得平和。其實它還有另外一個特殊重要的用途，助產醫生會教臨產媽媽用這種深呼吸的方法，將無意識的叫喊，轉換成有意識的能量。

◎　到空曠的田野或比較寬闊的地方大聲吶喊，將心中的不快拋給天空和大地。

◎　撕舊報紙、雜誌等發洩。

◎　打沙袋、軟墊等，但不要傷及自己。

◎　找個靠得住的知心朋友傾訴，也可將所有的不悅寫成短文發到網路上或找網友聊天。

◎　離開讓你發脾氣的環境，使自己冷靜。

◎　聆聽音樂，欣賞一些美術作品或藝術品。

◎ 給遠方的朋友打個電話訴訴苦，發發牢騷，你的朋友會
替你排解，即使他不給你任何意見。

◎ 洗個冷水澡。

◎ 去購物、逛街、喝下午茶，在你經濟能力允許你瘋狂購
物的前提下。

◎ 去做一些與此無關的事，但不要傷腦筋。

◎ 寫寫日記。

我想以上這些方法中，總有一種方法能讓你排解眼下不良
且對身體有害的情緒。要知道「生命沒有 Take Two」，請小
心演繹！

（四）感覺型

所有內向型的人都有遠離外部客觀世界的傾向，內向感覺型
的人也不例外。他們對外界的一切事物都不在意，不管別人說什
麼都聽不進去，只是沉浸在自己的主觀感覺之中，把自己的審美
意識當作人生的追求。

他們往往只關注事物的效果及自身的主觀感覺，對事物的本
身一點兒也不在乎。當今許多年輕人都有這一特點，無論內向還
是外向性格，感覺型的比較多。他們大多自我感覺良好，多數藝
術家就屬於這一類型。

榮格提出，內向感覺型是一種非理性類型。這種類型的人對
偶發事件的選擇，是被所發生的事件牽引著走，而不是從理性觀

點上出發。從外部上看,他們無法預測將有哪些事情發生,因此只有當一種與感覺力量相等的機敏表達出現時,這類人的非理性才會恍然大悟。

不善表達是內向型的特徵之一。這一特徵將被他的非理性擋在身後,然後透過冷靜或消極的行為,以及對理性的自我抑制的形式來表達這種非理性。這一切都是他與客體沒有一絲關聯造成的。儘管此時客體未被貶低,但其刺激物已被轉移,因此客體變得不重要了,主觀反映占據了客體的地位,一種防禦性的保護替代了一切。這將貶低客體的情感,或造成主體為現實蒙上一層虛幻的面紗,嚴重的時候會使這類人無法將真實物體和主觀感覺進行區分。

即便是在非異常的狀態下,客體影響只要進入主體之後,這種類型也會被誘導按其無意識模式進行活動。這一行為常常會具有一種反真實的主觀特性。這種特性具有與客觀真實相關的幻覺。客體影響如果沒有完全進入主體,就會出現中立的情況,或程度太低的被提高,太高的被降低;富於激情的事物被當頭給了一棒;奢侈縱欲的時候受到限定;或不常見的、非正視的東西被歸為「正規的」行列中,等等。這一切都是為把客體的影響控制在一個必要的範圍之內。

對於別人施加的虐待,這些人不會立即反對。但他會在最不恰當的場合,將內心的不滿向對方發洩出來。這類人如果缺乏展現藝術的能力,他們所有的體驗將會沉溺於心靈深處。他們用某

種可以確信的看法將控制意識，使其無法借助任何手段來控制那些經驗。當需要展現的時候，為使展示表達出古典原始的特徵，便求助於無意識。整體來說，內向感覺型將自己盡力脫離客觀現實，靠近主觀感受，並遵照那些原始的真實性在客體與主體間建立一種協調的關係。

這類人認為外部的世界與自己豐富多彩的內心世界相差太遠，他們有時在內心中構建一個神奇的世界，在那裡，人、動物、山河都是半神半魔的樣子，儘管他不這麼認為。但那些東西已進入他的腦海，並在他的判斷和行為中被充分表現出來。除了藝術之外，他感覺沒有能使他施展才能的空間。外人認為他們沉默、安靜、自制、隨和，其實他們的思想和情感十分貧乏，是個非常單調的人。

不要將自己封閉，好的感覺在於使自己的生活與外界環境融合在一起。

外向性格的四種類型

榮格說

性格外向的人，心理活動傾向外部，經常對外部事物表示關心和感興趣。這些人性情開朗活潑，善於交際，但他們不願苦思冥想，而要依靠他人或活動來滿足個人情緒的需要。

（一）思維型

思維主要由客體和客觀事物來定位，以外向的一般性格和特點思維的來源的兩個方向為依據。一方面來自主觀最終歸結於潛意識；一方面來自感官知覺傳送的客觀事實。前後兩種來源相比，外向思維在大多數時候會受到由感官知覺傳送的客觀事實這一因素的限定。

判斷預示著判準的存在。從外向的判斷上說，它由可知覺的客觀事實直述或用客觀觀念來體現。無論客觀觀念是否得到主觀的認可，他在根源上都是外在的、客觀的，所以外向思維並不一定是一種單純的具體思維，很可能是一種單純的觀念思維。如果說它使用的那些觀念多數是從外界引薦來的，那麼就可以證明那是由教育和傳統轉達的。要判斷一種思維是外向的還是內向的，要看它的判斷究竟依據什麼判準，是根據主觀因素還是依據外界因素，還要看其思維者給出結論的方向，是定位一起外界還是另有其他方向。

因為我們的思維對具體的事物或對象加以十分的重視和關注，是因為我們想從中將我的思維抽象化或是因為我們正透過它的因素把我們的思想變得具體化，所以它對具體的事物或對象特別感興趣。這點並不能作為外向性質的依據，即便我們的思維很重視具體的事物，有時也會被稱為外向型，但我們的思維方向是哪兒？是重返客觀事件；返回到外部事實；一般接受的觀念；可能不會返回等方向。這是個較開放且較廣泛的問題。從工程師、商人或科學研究者的思維上看，其屬於實用思維，它的外在導向性很明顯；如果從哲學家的思維上看，就不容易被分辨，即使他們的思維導向於觀念。問題出現了，那麼這些觀念到底是客觀經驗的抽象物質，還是來自傳統或是借助當時的心智因素？

如果這些觀念純粹是客觀經驗的抽象物質，那麼它們代表囊括了某些客觀事實的較高層的集體概念。他們如果不是直接經驗的抽象物，就屬於第二種情況。在這種情況下，這些觀念就純粹屬於客觀數據（objective data）的範圍，被稱為外向思維。

在這裡我們必須牽涉一些有關內向思維的話題。根據上面講述的內容，我們可以得出這樣的結論：「上述話中包括了一切平時被認為是思維的東西。」

這樣的話，一定有人會問：一種非經驗於客觀事實，也非經驗於一般性觀念的思維怎麼能用「思維」來命名？

也許本時代最具權威、最傑出的代表者都只知道、只認可思維的外向類型。原因出在了方向上，不管採取的是科學形式、哲

學形式還是藝術形式，所有表露於外表的思維，要麼流向一般性
觀念，要麼直接導源於客體。基於這兩種理由，基本上思維可以
被理解，儘管有時並不是很明顯，相比之下算是最有效的了，
那麼外向的心智慧力（受客觀與經驗的心智）才是唯一被承認
的定論。

　　也就是說，客觀經驗取得某種優勢，思維就屬外向的，這一
事實只決定了思想家們存在著差異，並沒使思維邏輯有所改變。
詹姆士認為這種差異是一種氣質存在的問題。跟我們提到的一
樣，那只是對外觀加以改變，在思維功能對客體的取向並沒有什
麼本質的變化。這使得它被客體困住了外觀，如果外部取向不存
在，它就可能無法存活似的。這樣會被認為它是外界事實的結
果，或似乎只有在某種廣泛的有效的觀念介入時，才使得它達到
制高點，好像它是得到來自客體與料的影響，最終的結論將是那
些本質與這些東西相一致。因此，造成一種缺乏自由、缺乏遠見
的印象，即使在客觀限定的領域，這類人也顯得十分機敏幹練。
這僅僅是思維帶給觀察者的好處，觀察者自身要想將外向思維
的現象看清分析透徹，必須也有不同的觀點，否則根本無法將
其看清。

　　但由於觀點有所不同，也許他只能看到這一思維的外形，卻
無法觀察到其真實的本質。相反地，當一個人本身就已經具有這
種思維，他則只能抓住其本質，卻沒辦法了解其外觀。只依據外
觀為其進行判斷，不能公平地將事物的本質表現出來，所以多存

在貶視的判定。其實這種思維在本質上不比內向思維差，只因為它力量的方向不是與內向思維用在同一處上，而被用在別的目的上而已。這一差異在外向思維和內向思維作用於同一領域的同一材料時被清晰地反應出來。也就是說，當一種主觀信念被客觀事實分析理解或是視為客觀觀念的附屬物時，就會出現上述問題。

從「科學」取向的意識上說，內向思維嘗試與客觀與料建立一種關聯，但客體不予授權時（即使這些客觀與料聽從於主觀觀念時），差異顯得更加明顯，受到對方侵入時，雙方都有一種不良的效果出現，同時會向雙方展露不利的一面。在這種情況下，內向思維顯得特別武斷，外向思維顯得相當平庸沉悶，兩者會在取向上產生無休止的爭議。

我們無法將具有客觀性質和具有主觀性質的事物明顯地加以區分，那也是不可能實現的。即便可以區分，也會成為行動災難的開始，因為兩者之間需要互補，相互取長補短，互相矯正，在它們經驗本身都是片面性的，其有效性明顯地受到抑制。無論何時，一旦思維被最大限度置放於客觀材料的影響下時，思想便會成為匱乏的、不堪入目的，原因是它早被貶低為一種客觀事實的衍生物。

此時，它不會為了使某種抽象觀念的成立而將客觀事件丟棄，思想的過程將成為一種不屬於「反思」的簡單的「反映」，其中的單純的反映僅建立在一種效仿意義的基礎上，而這種效仿所有的思維對不超過現存的明顯易見的、客觀材料中直接體現的

內容做了肯定的答覆。思維的過程直接返回到客觀事實上，既沒有超過它，又沒有指引經驗和客觀概念相連結。反之，如果這種思維對它的客體持有某種客觀概念時，就沒法掌握個體的實際經驗，只能恪守著相同意義上往返的情況了。

如果外向思維從屬於客觀與料的原因，是由於一種過度的客觀規定時，就會在這個別的經驗中迷失，累積的經驗與料也大多是沒有被無法吸收利用的經驗。這種在內部之間少有或從未有過關係的經驗，會造成思維因重力而產生的分裂離散，這時就需要一種心理補償來調節和補充。這種補償的觀念一定要簡捷而具一般性，這一補償會把那些沒有被吸收利用的堆積的經驗與料整體關聯起來，即使無法達到這個目標，也會為這種缺乏內在關聯的堆積提供連接的可能。譬如「物質」和「能量」，二者是這種觀念的具體表現。

如果思維的主要依靠不是客觀與料，而是一些陳舊的觀念，這種思維補償會變成更加深刻的事實的累積，由於事實的觀點既貧乏又有太多的局限性，所以忽視了事物有價值的一面和有意義的一面。正因為這一點，很多科學的文獻中才存在了錯誤的取向。

心理上的基本功能很少在同一個體身上，或者根本不會在同一個體身上擁有相同的力量，或向同一方向、同一水平進展，這也是從經驗中得知的。通常只有一種功能，不管是在力量或是在發展上都居於首位。當思維在全部功能中占首要位置時，每種重要行為產生的動機都是理智的考量。

思維類型分外向思維類型和內向思維類型。

從定義上看，外向思維類型的長久目的是將整個生命的活動與理智的定論相結合，儘管最終這些定論總會受客觀與料的影響，但其中的客觀與料不是外在事實就是一般被接受的觀念。這一類型的人，無論對自己，還是對他周圍的環境，都會把一種起決定性的意見戴在客觀現實的頭上，或是給予客觀經驗的理智程式（intellectual formule）。這一理智的程式是我們衡量美與醜、善與惡的標尺。凡符合理智程式的標準的都是對的、善的；凡是對立於理智程式的標準則是錯的、惡的；而與這程式持中立的態度則實屬巧合。

這一規律似乎體現了生命的全部意義，也就順理成章地成為被個體和集體在任何時候、任何地方都能實現的普遍規則。因為對此規律不遵守的人便是錯誤的、醜惡的程式，這是為了任何一個人好，一旦拒絕服從這一普遍規律，就會變得不道德，也不合情理。

在這類人的道德原則中不允許有任何例外。在他們心中，理想是一定要被實現的，因為這是對客觀現實可想到的東西的最純粹、最合適的表現，因此有了放諸四海皆準和拯救人類不可或缺的真理。這點是對崇高的正義和真理的信奉，並不是什麼巨大的博愛。如果有什麼想使這一理智程式失效，他的本性會告訴他，那件事或物一定是有缺陷的，或是偶然的失誤，是一些應該淘汰和丟棄的東西，如果下次仍然失誤，就要被歸到病態中去了。

　　然而，事實並非如此。如果對疾病、困苦、精神紊亂的忍耐，偶然地成為理智程式的構成因素，那麼醫院、教會、慈善團體、監獄等地方就應該採取一些特殊的措施，至少要擴充某些計劃了。正義和真理動機並不能完全確定這些計劃被實施，因此基督教式的慈善行為就出現了，這一出現是必然的，也是有必要的，這種慈善更多地訴諸於情感，而非任何理智程式。

　　在這一理智程式中，「人應該如何」和「人必須如何」這兩個表達法是出現頻率最高的。兩個表達法勾畫出兩種極端，而外向思維型的人就分布於這兩個極端之中。如果這一程式廣泛覆蓋，就會使這一類型的人在社會中成功地上演主角的角色，無論法官、改革家、神父，還是創新事業的發起者，都會做得相當出色。相反，這一程式變得嚴屬時，就會出現紀律嚴明、遵紀守法的人；一位自以為是的評論家；一個循循善誘的說教者……

　　外向型性格的特點告訴我們，這類人最好的定位就在他們所影響範圍的週邊。這種人格所影響活動越是偏離他們涉及範圍的核心，就越能使人們產生好感，而且對他也越有益。我們深入到他的權力範圍之內，就會感到他那種讓人厭煩的蠻橫。從而有另一種生命在這一邊緣生存，理智程式的真理，在這裡會被當成其他有價值部分的附帶品。

　　可是，當我們很深入地探究在這一程式中起核心作用的那一部分內容時，會發現生命從所有不順從於這一程式指令的東西中慢慢地消失了。他們屬於六親不認的人，所以關係最為親密的親

朋不得不忍受這種外向程式帶來的令人煩惱的結果。但是，這裡指出了這種類型的人心理上的兩面性，因為在親戚朋友深受其害的同時，受害最深的還是其本人。

古往今來從未有過任何理智程式被發現能包含並可以展示生命的多種化和可能性，將來也不會有。恰恰是這一事實導致了其他相同重要的生命方式和生活活動受到限制，有的甚至被完全消除。那些生命形式在有條件的情況下顯得相當重要，這些生命形式要維持一種其大部分都是潛意識東西的存在，但在有些人當中這一種情況卻是例外。

這些人能夠為某些特定的程式放棄自己的全部，但這畢竟是少數人。對於大多數人來說，犧牲所有一切而保全某種特定的程式這種狀態，無法維持一生。

受理智壓抑的生命形式（由外在環境和內在實質而定）總會由一處使生命紊亂的意識行為，轉化成可間接知覺的另一種行為。只要這種擾亂在某一情況下到達了確定的強度，無論在什麼時候此人都會出現心理症狀，但多數不會太嚴重，因為自身有允許自己對程式做某些預防性修改的本能，為其創造了一個安全防禦系統，使其安全得到了保障。所有那些以情感為依存的生命形式，如藝術感受、生活的品味、審美活動、友情的維繫、友誼的培養等，會在此種類型中遭到抑制；而非理性形式，如激情、欲望、宗教體驗等，幾乎完全被壓制到潛意識的狀態。一種未發展的狀態被保持在那些被意識態度摒除，相對或絕對地屬於潛意識性的

功能或傾向，與意識的功能比較，它們顯然不占有任何優勢。在潛意識性的範圍內，它們與潛意識內容成為一體，從中獲得另一種不尋常的特徵。儘管在整個心理圖像上，它們占相當重要的地位，但就它們屬於意識性這個角度來講，它們只是扮演了一個微乎其微的小角色。

最先與這一嚴屬的理智程式發起衝突的是情感功能，相應地它們也會首先受到這種意識的影響，同時伴有強烈的壓抑感。如果逆來順受，使自己服從於它，那麼它就必須支持理智的意識態度，使自己盡量適應後者的目的。但這只在某種情況上有可能，另一種情感卻是十分倔強，需要壓制；即便壓制成功了，他也會從意識中失蹤，出現在另一種潛意識中，因為活動與意識的意圖並不一致，將會產生一種對個體來說原因不明的影響。

例如，一種具有極崇高的意識 —— 利他主義（conscious altruism），有混雜著一種隱祕的自我圖利的可能性，但其個體完全沒有意識到，而且這種自我圖利的自私行為使自身的無私行為大打折扣。個體很有可能會被純粹的倫理目的引誘到危險的環境中去，這一危險的環境不僅僅在外觀層次上受倫理以外的動機所決定。例如，一些公共道德的保衛者，無奈看到許多垃圾有增無減地在不應該出現的地方出現，突然發現自己處於必須讓步妥協的境地；或是一些救生人員，發現自己急需他人援救。

他們挽救別人的決心常使他們利用某種手段或方式，這種手段或方式卻恰恰帶來他們想極力避免的東西。另外一些外向型的

理想主義者拯救地球，挽救人類的欲望十分強烈，致使他們不惜一切代價撒下彌天大謊，用不誠實的手段來實現他們自己的理想。在科學界有很多讓人痛恨和惋惜的實例，只有在潛意識及隱祕中操作的劣勢情感功能，能引誘這些在一定領域裡有名望的人做出某些越軌的行為，例如一些有很高聲望的科學家或研究者，為了使所研究的項目獲得成果，不惜一切達到這個目的，其中包括一些不正當的手段，而他們卻將這些手段視為正當的。

當然，這種類型的劣勢情感也會以其他方式顯現，意識的態度或多或少地變成非個人的，而且常常會使個人的利益受到極大程度的損害，這些都是因為想要和支配地位與客觀程式相互配合的結果。所有對個人自身的思考全部消失得毫無蹤影，一旦這種態度走向極端，甚至對牽涉主體的考量也會全部消失。他的自身健康也會被忽略，其社會地位也將日益降低，甚至連最為重要的健康、財務、道德等諸多利益也會受到損害，所有這一切都是為實現理想而付出的代價。除非那些被同情的人也恰巧信仰這一理想，否則則會遭到挫敗。正因如此，時常會有諸如親生子女或家中的直系親屬，認為自己的父親或親戚，在家庭中是一個暴君，可是在家庭之外，他的美名卻廣為流傳。

意識態度由於存在著非個人的特徵，於是產生了某種使潛意識情感有了高度的單獨性及過度敏感的特徵。譬如，為了維護他的敏感性（susceptibility），把任何與他程式背道而馳的客觀意見都誤解成單獨的、個人的不懷好意，或是為了使別人的觀點

無用，從而事先對他的論證做否定性推測的習慣性傾向。由於這種潛意識過於敏感，會使他的表達方式或聲音變得尖酸刻薄、含沙射影、冷嘲熱諷，並且常常用帶有侵犯性的方式來攻擊他人。這些帶有憎恨和霸道的特性，恰恰是與劣勢功能的預兆。他的情感瑣碎、猜疑性強、保守、不合理以及讓人難以思索，即使其個體為了理智的目的做出慷慨的犧牲。他會對所有超出他的程式之外的新事物賦予憎恨的感情色彩，這種憎恨是透過潛意識被體現出來的。

上世紀中葉，一位博愛主義醫生因為助理使用體溫計夾測體溫把助理痛斥一番，並要解僱他。博愛主義醫生的這些舉動是根據程式判定上「發燒只能由脈搏來確定」這一條而做出的。

當情感受到抑制時，在其他情況下無挑剔的思維就會受到其隱祕而有害的影響。在這種潛意識的個人敏感性的影響下，原來因為其內在價值而有理由要求得到廣泛承認的理智程式，現在卻有了明顯的改變，變成了呆板的只會硬套原則或概念來處理任何問題。理智程式的堅持占據了所有人格上的堅持。真理不再是只為自己辯解，而相當於主體，被主體當作評論者給冤枉了的敏感的寵兒。如果可能的話，主體會毀了那位評論家。真理必定會被誇獎一番，直到公眾慢慢地醒悟，發現是真理出了差錯為止。與其說是真理本身的問題，倒不如說是這一真理創始人自己的問題。

理智程式中硬套原則處理問題的方法，可能會因受到一種源於潛意識中與被壓制的情感相結合的其他因素的汙染而發生改

變。理性本身證明每一種理智程式不具有普遍性，只是真理的其中一部分，但是人們很重視理智程式的作用，甚至除它之外的其他觀點都被排除和摒棄。它取代了所有因為具有普遍性和少有的限制而變得更謙虛、真誠的生命觀，並排擠了被予為普遍性宗教信仰的生命觀。這一切證明這一程式雖然在實質上沒有任何宗教的性質，但得到了宗教最基本的絕對性的特徵，成了一種理智的迷信。

但是，疑心病（doubt）的發作是因為精神壓抑而深受折磨的心理傾向在潛意識中漸漸地聚合起來，同時形成一種對應觀點造成的。意識的態度成了抵抗疑慮症的防禦手段，而此時意識的態度變成了疑慮的過度補償，這樣的進展使得最後意識觀點將以過度自衛告終，或是形成與潛意識絕對相反的觀點。好像一種極端的非理性主義成熟後反過來對意識的理性主義形成對抗，或者這種極端的非理性主義，搖身一變，成了極其原始和極其迷信的東西，與富於現代科學精神的意識觀點對立起來。這種無畏的分庭抗禮是狹隘及可笑的觀點的發源地，科學家及歷史學家很清楚這一點，許多被表揚的先驅者也曾在此有過失足的經歷。而潛意識的對立觀點多半在女人身上體現。

這一類型主要是男性，因為思維作為決定性的功能多數是男性。通常情況下，當思維在女性身上占據優勢時，它來源於心靈中直覺活動的優勢地位。

　　通俗地講，此類人屬於行動型，在工業社會中容易獲得成功。他們頭腦靈活，適合從事政治、經濟、顧問、醫生等工作，也能成為官僚家。但是，他們在行惡的場所也容易犯罪。這種人想盡力擺脫主觀對行動的影響。從本質上講，這種人不是外向思維型，相反更接近內向型。

　　外向思維型的思想是積極的，有創造性的。它的判斷具有一種獨特的「內在性」特徵，同時也具有「綜合性」和「斷言性」兩種特徵。「內在性」特徵的表現是，完全把自己控制在限定材料的範圍中，不會跨出這一範圍。外向思維型的思想滿足於一些抽象性的陳述，即使那種抽象是僅有的。這些陳述授予材料的價值都是材料本身所具有的。外向型思維在分析的同時，也可以建設，這就體現了判斷的綜合性這一特性。它是在超越分析的同時達到一種用新方式重新組織被分析的材料，或為特定的材料進一步增加一些新概念的結合，這種結合歸屬於一種深層概念，這一系列的描述被稱作斷言性（predicative）。思維是這一類型的能量流動的主要途徑。人的思維中體現出「生命在穩定地流動」這一事實。

　　這一事實注定它具有從不絕對地貶低或破壞任何東西，卻會用一種新的價值來替代已經毀壞的價值的特性。這使它的觀念有一種積極向前並賦有創造性的特徵。他的思維不會停滯不前，也不會有後退的傾向，除非思維不再是意識中的優先者。思維一旦處於劣勢，便會失去它創新和生機勃勃的特性。如果思維跟隨在其他功能的背後，就會有事後諸葛亮的性質（即艾比米修斯），

變得滿足於經常不斷地對已經過去的和消逝的東西進行懷念、沉思，拚命地想將那些東西加以分析咀嚼最後吸收掉。這時創造性的因素移居到其他功能之中，思維就不再有發展性了。站在經驗與料的角度上來說，它證實了此一經驗客觀與料的和內在固有的意義，也說外向思維的內在判斷是定位在客體身上。

例如，一個人忍不住會賦予一個經驗或印象某種理性的評論，並認為這種評論是有效的不容置疑的，但這種評論沒有逃出客觀材料的限制，因為這種評論只是說：「我已經理解它了。」原因是我能在事後把它想起來，僅此而已。這種判斷就這樣把一項經驗簡單地歸放到這項經驗應屬的那一客觀內容之中，而這一歸屬方式是個一望可知的過程。

除了思維功能以外的其他功能，在意識中起著明顯的支配作用，而且達到了一定的程度。無論什麼時候，它都會帶有一種消極（negative）的特徵。進一步的研究表明，如果它服從於支配性功能，即使它可能會帶上一種肯定的表情，這表情的出現也只不過是對支配性功能的一種簡單的效仿，支持支配性功能的論證來源於明顯的牴觸思維固有的邏輯法則。這種思維並不是我們現在討論的，而是另一種值得我們關注的思維的性質，它只相信自己的原則，並不服從其他功能的領導。因為這種思維多多少少會受到意識態度的壓制，所以想這種思維本身進行調查分析不是件易事，除非它可以從某些毫無戒備的瞬間偶然漂上表層，否則應首先將其從意識態度的壓制中解放出來。

　　表現在語言上，通常要使用到類似的套問：「你現在究竟在想些什麼？」「對此事你有哪些看法？」甚至會繞一點彎：「你猜我對此事有何看法？」這一問法是在真正的思維屬於潛意識並為此被投射時，必須要採取的問法。這一方法誘導特殊思維浮出表面，正是因為有這種性質的浮現，我們才稱其為消極特徵。我們可以用「那只不過是……無外乎（nothing but）」，它會表現出將自身所判斷的對象歸到一種陳舊的內容裡而取代了其自身具有的價值這一明顯的傾向，其目的是為了讓所判斷的對象在表面上看像是某種普通內容的衍生物。現實生活會在不同的方面體現這一結論，如果想讓兩個女人產生一種明顯的、非個人的、客觀的衝突，持不肯定思維者就會埋怨對方屬於「譁眾取寵」。某個人加以解釋或支持某個理由時，消極思維對這個理由的主要性不加以過問，只會在「他由此能得到什麼好處？」或者莫萊斯霍特（Moleschott）提出的名言人吃什麼就是什麼這類問題上發出疑問。這些思維的破壞性和它有時屈指可數的起因性質，就不再過多地解釋了。

　　還有一種思維，如果不對其仔細地進行研究，就無法知道它的性質，是消極的，還是積極的。當今世界廣泛而快速發展的通神論的消極思維形成，這一消極思維可能是剛剛退卻不久的唯物主義的一種反動形成。因為通神論的思維把一切都提升為包括宇宙和超越宇宙的觀念，所以這一思維乍一看好像完全不是化約論的思維。例如夢，夢不再只是夢，而又賦予了它「在另一種層面上的經驗」這一概念。還有現如今還無法理解和詮釋的心靈感應，

只能簡單地將其解釋為從一個人傳遞到另一個人的「震動電波」
（Vibrations）。

此類例子還有很多，比如有人常把某種無形的東西對靈體的
撞擊，看成是某種常見的神經痛產生的原因。任何一種通神論的
書都會告訴你，世界上的一切已經得到了一個很好的解釋。在「心
靈科學」中，任何一種無法解開的謎團都能被解開。從根本上講，
這與唯物主義思維是一樣的，是一種消極的思維。當唯物主義思
維把心理假想成一種化學變化，這樣變化發生在細胞神經節中；
或是假想成為一種細胞偽足的伸縮；也可能假想成一種內部的分
泌，這一系列的假想與通神論一樣迷信。兩者的差異是：唯物主
義是把所有的現象都化約至如今的生理學概念，通神論則是將全
部均化約至印度的形而上學。就像我們把夢詮釋成撐得太飽的胃
時，夢還是未被真正的理解，所以當我們把心靈感應稱之為「震
動電波」時，同樣沒說出其究竟是個什麼樣的物質，因為我們對
「電波」是什麼東西也不了解，這就等於用兩個不明瞭的概念相互
解釋，最終結果只能是這兩種理解都毫無用途，並且它們實際上
是具有破壞性的，因為表面的理解將人們對問題的興趣轉移到了
其他地方。

在前面夢與胃相互詮釋的例子中，它把問題又指引到胃上；
在解釋心靈感應和震動電波的關係時則將問題的興趣擴展至什麼
是震動電波上，因此這一解釋正好妨礙了人們對嚴謹問題的研

究。這兩種思維既貧乏不堪又造成匱乏，是一種無法形容的低廉的思維方法，而且缺乏創造性的能量，被其他功能牽著走的思維。

（二）直覺型

能夠觀察到事物的本質和可能性的直覺型，和把握客體、塑造客觀事物的行動一樣，這一類型是主動的、創造性的過程，它注入客體的東西跟它從客體中取走的東西等量，絕不是單純的知覺。這一過程是潛意識的會在客體中造成一種潛意識影響。直覺的最主要的功能是借助迂迴曲折的方法來傳送意象和對事物間的關係的知覺。只要直覺占優先地位，它們的行為則具有決定性的意義和和特殊的洞察價值。思維、情感和感覺都相對地受到克制感覺受到主要影響的因素。外向直覺型是意識性的感官功能，直接影響到直覺。

感覺對於樸實的知覺是很大的干擾，感官刺激將注意力轉移到性質表層，而注意力卻留在了事物外層。直覺與其相反，想超越外層進入其中進行研究。外向直覺指向客觀事物，心與感覺相類似，可能會利用感覺滿足對外在客觀事物的渴望。一旦感覺到強烈的限制，直覺將快速上升。而感覺是簡單且直接的感官印象，是心理和生理的表現。直覺的經驗和感官的印象很難區分。他有感覺的因素，但不是由感覺本身引導，將其當作知覺的起點，潛意識的引領。無論什麼感覺，直覺者的潛意識提高了其價

值，卻不是生理意義上的感覺取首要價值。這種方式並不是純粹的感覺，也不會起主導地位。

外向感覺型的人很現實，是想達到理想的最高層來證明生命的完美。直覺也是向最大範圍的可能性擴展，這種可能性是發現於客觀環境中，他們認為透過可能性直覺可以得到極度滿足。當它不處於優先位置屬於附屬功能時便成了備用功能，當其他功能無法發揮時，它則開始發揮自身作用。反之，如果其占優勢地位，一切將成為封閉式的，等待直覺來開啟。不斷地在生活中尋求新出發點，有一種強烈的脫離困境的需求產生。當客觀事物可以幫助或引發新出路就具有擴張的價值，被運用過的客觀事物會成為牽絆，變得不再有任何價值，也就是說只有它可以帶新的可超越的價值，或可以使個人從它能力中釋放出來的可能性，才會被其承認。為了這些可能性，直覺可以捨棄任何其他的東西，因為這些可能性是直覺無法逃避的動機。

直覺占據優勢地位的同時，伴隨一種很易被知覺的心理出現。由於受到客體的限制，外向直覺對外在環境十分依賴，但又不同於感覺型對其的依賴。在現實的世界裡，直覺者存在於可能性存在的地方，但我們很難發現他們靈敏的嗅覺對有長遠前景、但現狀很低微的事物感很興趣，對那些價值小、較安定的情況不在意，因為他們喜歡尋找新的路口，有時甚至對新鮮事物充滿激情。安定的生活會讓他產生壓抑感。只要有一絲可能性存在，直覺者將把全部生命用來探索它。一旦新事物被掌握、被了解，只

失去了進一步發展的可能，就會成為他們拋棄的對象，他們對此毫不懊悔。

　　理智和情感都無法阻止或試圖控制他們去追求新的可能，即使與他開始的信念格格不入。雖然思維和情感是信念的必備條件，但在他看來不會起決定性作用，相反卻是低階功能，因為沒有有效防禦直覺的工具。但思維和情感卻能為直覺優勢地位做出補償，為直覺者提供其類型中所缺乏的判斷。直覺者的道德觀不受理智和情感的限制。

　　直覺者自認為有特殊的道德觀，重視直覺的觀點，並信服直覺觀點的威望，不關心他人的事以及他人的想法，更甚者對自己的安全狀況也毫不關心。由於從不崇拜任何人，因此經常被認為是高傲、冷淡、失德的冒險家，他對外界客觀事物的關心，尋找對外界的可能性，就預示著他對任何一種職業都懷有極大的興趣，很樂意將自己全身心地投入到此項工作中，並將自己的才華運用到每個方面。

　　能夠觀察到事物本質和事物的可能性的直覺型，如果才華橫溢，將會在新商機中取得成功。許多企業家、投機者、證券人、商業大亨、文化經紀人、政客等均屬這類人。

　　這類人在女性中較多，其直覺能力表現在交際領域比在其他領域要常見。她們利用每次交際場合，藝術性地建立起社會關係，為了追求遠景可能性，她們將不顧一切，甚至犧牲自我。

　　從經濟和文化兩個方面對此種類型人進行評價，如果她們內心是善良的並不單純以自我為中心，有可能成為新領域的倡導先驅或推動者。當她們更多地針對與人並非事物時，她會用自身的能力改變某個人。她對新事物的認知熱情、引領的天賦是其他人不可比擬的，儘管這種熱情的時間有時是極其短暫的。直覺的強烈促使她們與相遇的新可能性以最快的速度合二為一，並將全部精力完全投入其中。最後將這一過程的產物以說服力的方式公布於世。

　　由於直覺是低階功能的感覺，自己反應較遲鈍，因平時不注意自身的安全，而導致疲勞過度，易患心腦病。所以這類人不要只顧眼前而不為將來著想。

　　她們易消耗生命的全部，也許會讓人和事變得美好，使豐富的生活遍布每個地方，但這一態度和事實是很危險的。她們為此播下了種子，可是還未等結出果來，她們又有新的追求，扔下了辛苦勞動的成果。如果自身能夠進行調整，便可得到豐收的喜悅、艱辛的勞動成果，而不是空手離去。

　　在潛意識中，受到壓抑的情感與思維會帶來最原始的情感和思維，並會作為參照物與感覺型的情感與思維進行對比。它們會以主觀過程進入客觀事物的形式出場，除了缺乏感覺類型的神祕性外，與感覺型的情感和思維一樣，讓我們覺得這實在太荒唐。直覺的情感和思維主要對性、理財、疾病等問題很關注，這在一對不合宜的男女有了情感糾纏引發原始的感覺時才被體現、被感

受到。這致使潛意識被迫與一個無意義的事物糾纏，屬於強迫性症狀，易在直覺型的感情型中出現。他最終做出的決定取決於其對新的可能性的關注，並不會完全服從理性的判斷，且極力想掙脫壓抑找回的自由。這一點與感覺型相同，對不著邊際的推論和辯解，是他從理智的判斷中逃脫，又跳進潛意識心理症的強制行為中的徵兆，這會使對客觀事物帶來的感覺變成強迫的行為。

意識對感覺和被感覺的客觀事物具有至高無上的態度，並不知道別人對客體的看法，所以常被人認為目中無人、高高在上的感覺。而感覺型對客觀事物的靈魂視而不見。兩者有相似之處，也有區別。最終客體以一種強迫性觀念，不正常的惶恐或其他可能出現的可笑的身體感覺來表現。

這一類型中涉及到一種主觀過程進入客觀的異化過程，榮格稱其為投射。投射與內向投射是一對相對的兄妹。投射是指主觀內容離開主體被納入客觀事物，前面已經說過，有時主體借助投射來甩掉一些不合理的內容，有時投射的內容則是有價值的，但由於這些價值內容帶有其他因素而無法使主體到達，例如「自卑」。

投射分為積極投射和消極投射。

內向投射是與投射相對應的概念。內向投射是主體內容轉換進入客體的過程。兩者的主要區別在於「投射」是主觀內容的客體的移位效果，而「內向投射」是把客體吸引到主體的興趣領域之內。

在病理中投射的表現是「妄想狂者把他厭煩的情緒從自我中排除出去」。「精神病患者則是根據自身的要求從外界吸取一些內容，同時將這些內容轉化成潛意識幻想的機制。」這是內向投射的表現。後者是一種「淡化過程（diluting process），是對自身興趣的擴充，在某些心理學家的眼中，內向投射不是病態而屬於正常過程。

因此，站在心理學角度上講，投射是一種客體異化於主體的過程，是主觀內容分別指定進入客體的；內向投射是一種客體同化到主體的過程。為了使客觀事物能實現對主體的同化，形成了對客觀事物的占有，也說明內向投射是一種外向過程。

消極投射是每種病態投射的形式，也慣用於許多正常投射。它的產生並沒有方向性，只是自動產生。積極投射是構成客觀事物進入自我這一行為的主要成分，這一行為是內向投射的過程被稱為移情。它造成將客觀事物帶進主體的作用，為了能使客觀事物進入主體，主體會自動把其中一種內容，如情感等功能，從自身趕出來，並轉嫁給客觀事物，這樣客觀事物便有了生機。同時，也和主體建立緊密的關聯。

此外，投射的積極形式也試圖擺脫主客體的判斷，於是具有陳述作用，主觀判斷與主體分解融入客觀事物中去，主體自身與客體就有了區別。所以說，投射是一種導致主體與客觀事物異化的內向過程，而非導致新內容獨立的性質受到迫害，這與內向投

射相反。這是引起偏執妄想狂患者發病的主要因素，最終主體完全成為孤立的。

內向投射分為主動內向投射和被動內向投射。作為適應過程的客體進入自我的內向的投射，那些客觀事物對主體有獨特吸引力的情況屬於被動的內向投射。

投射與內向投射的可能性都會依附於同一。

「同一」是一種潛意識現象，既然有一種有意識的一致存在，就會出現兩種不同的意識，預示著主體與客觀事物將要分解，同一將不復存在。心理的無意識性是心理同一的必要條件，它是原始精神的特徵，是「神祕參與」的根基。也就是說，原始意識狀態是原始主體與客觀事物分化的心理遺留。這一特徵是嬰兒時期的精神狀況的特徵，或是人成年後成為潛意識的內容的特徵。因為尚未轉化成意識內容，所以會與客體保持同一。

同一狀態的基本上屬於客體潛意識相互一致，是未能成為意識對象的雛形，絕非等同。由於同一的存在會出現錯誤的認識，認為一些人的心理與另一些人心理完全相同存在著同樣的動機；自己喜愛的東西，別人一定會接受；而自己認為邪惡的事情，別人也一樣會憎恨。同樣由於同一的存在引發人們（幾乎是大多數的人）有想改正別人的想法，其實要糾正的並不是別人，恰恰是自己應該改正的地方。當同一的狀況在病理學出現時，會使偏執妄想狂有「感應」和迫害的妄想，病患的主觀內容被他們看成是別

人也存在的。當然同一也會使有意識的集體和社會成為可能的態度，這點在基督教的思想中有所表現。

基於此投射建立在立體和客體的原始同一之上，客體與同一產生矛盾時，便產生了投射。當主體感覺應該退回時，同一就變得被需要了。因此，投射成為一種批判對象的同一狀態。這種批評是主體的自我批評或是對別人的客觀批評。

（三）情感型

榮格認為，情感這一功能在客觀與料的經驗，恰巧與它在外向性格中一樣，決定這類情感的條件是客體存在的不可缺少的因素。如果一個人將情感一直當作是主觀的內容，那就很難對外向情感的性質做出解釋，因為外向情感已經盡可能地擺脫了主觀因素，聽命於客體。它無法擺脫某種傳統或被普遍接受的價值標準的控制，即便是它表現出獨立於具體的客體之外的勢態時也不例外。正如平時我們會覺得想說某些事物是「美麗的」或「善良的」，並不是因為自己的主觀情感發現客體是「美麗的」或「善良的」，是因為這種做法相對於將它們說成「醜陋的」、「凶殘的」會使一般情感環境紊亂的情況來說，是得體的、恰當的。這並不代表這種情感判斷是假惺惺的、虛偽的謊言，而是一種順應性的行為。一幅畫，因為懸掛在優雅的環境裡，而且有名人名家的簽名，所以我們在欣賞時才覺得它「美」，或者因為我們說它是「醜的」時可能會冒犯對它珍愛的收藏家；也可能因為欣賞者想藉此製造一些

和諧的情感氣氛。客觀決定的標準控制了這種情感，其本身名不虛傳地代表了全部能感覺到的功能。

　　在蛻掉一切主觀的外殼之前，外向情感與外向思維型，同樣具有分化過程的經歷。來自情感活動的評價與客觀價值直接保持相互一致，即傳統的價值與廣泛被認可的價值標準相一致。比如人們帶著一種愉悅的心情（這種占很大原因的情感經過正確的調整）來劇院、音樂廳、教堂等地方。如今社會上存在的流行時尚也是這種情感的成員，它們的價值被更廣泛地體現在對社會的、慈善的和類似此類的文化事業做出肯定及普遍支持的態度。外向情感利用此類事情證明了自身是一種創造性的因素，這種情感一旦消失，和諧而微妙的交際性格不知將會變得何等不可思議！這具有有益的合情合理的作用與外向思維所具有的作用一樣。可是這些有益的作用會喪失在客體獲得一種過度的影響之下。這種具有有益作用的特徵是情感形成的主要因素，當外向性格過度地將自身的人格投放給客體，那麼被客體同化的同時，情感功能的個性特徵也會隨之消失，表現為情感變得冷淡、六親不認、注重名利、不值得信賴，不再是一種讓人認為一定得伴隨真實的情感才有的那種清新可愛的印象。它懷著一種神祕的動機（也可以說是它使觀察者以為它有這樣的動機），但人們都會認為他在裝腔作勢、故作姿態，儘管它也許根本沒意識到這一點 —— 來自自我中心的動機。

在這裡我們需要提一下「同化」這一過程，在同化過程中被強調的新內容和主觀材料的獨立性受到了破壞。同化實質上是一種統覺過程，兩者的區別是由於同一具有對主觀材料做調整的因素，而純粹的統覺卻沒有。馮特就這一概念提出了如下看法：

同化是一種建立觀念的方式，它以最明顯的表達方式將同化的要點進行再造（reproduction），在被同化的要點經由直接的感覺印象而出現時，此時記憶意象的組成部分被投射到外在客體上，特別是當再現的因素與外在客體之間有實質的不同時，完成的感覺印象就是得有些像幻象，而且事物的本質也被隱藏起來。

榮格認為，我們是在較普遍的意義上運用這一概念，也就是當作一般性客體對主體做了調整。這可與異化（dissimilation）相對比。後者是主體對客體做了調整，導致主體為了迎合客體而與他自己的距離拉遠了。這種客體包括外在客體、類似觀念的「心理的」客體及內在的客體。

情感的過分外向也許可以使對美感的期望得到滿足，但不再那麼真心。它只是服從感覺，服從理性，實際上會更糟，因為它僅能為一個情境供應一些美感的反應物。除此之外另無它用，變得貧乏十足。如果這一過程得到延續，就會有一處相互矛盾的情感的分裂產生。所有事物都將成為情感評價的針對者，就會建立起很多內在的或相互牴觸的關係。正因為如此，僅存的那一點真實的個人觀點也被其壓制。假如有一個主體存在的話，這樣的情形就不會出現，至少不太可能發生。但這個存在的主體必須是一

個得到十分肯定的主體。個體的情感完全將主體所吞噬，就會讓人認為情感的主體已不存在，只有情感的過程還尚未喪失，此時情感會給人一種假惺惺、喜怒無常或不可信賴的感覺，甚至是歇斯底里的壞印象，因為它已經失去了其原有的全部人性的溫暖。

榮格提出，由於情感是一種比思維功能更接近於女性特徵的心理現象，因此最明顯的情感型也就能從女性中找到。當外向情感占首先地位時，這就屬於外向情感型，這一類型的典型大多數都是女性，這些女性常常會服從其情感的引導。由於受教育的影響，情感功能會慢慢變得可以調節，受到意識的調控。

情感常具有個人性的特徵，當然除了一些極端的情感，雖然主觀原因已經在相當程度上遭到抑制。她們的人格與客觀環境的關係是一種受過調節的樣子；她們的情感與客觀環境、普遍的價值相互維持一致。在對愛情的抉擇中，這一情況將被完全地清晰地提示，如，是這個而不是那「合適的」男人被她們愛上了；他之所以合適，是因為他的情況完全符合女人隱藏性格所要求的內容，雖然女人對這情況全不知情；更是因為他在社會地位、能力、年齡、家庭條件等方面都和她們現實而明智的要求相吻合。有些人也許會將這一情況視作令人可笑的、無聊的事情來排斥，但我們堅信這類女性的愛情和她選擇的對象是完全符合的。這種愛情是真實的，並不是精心的捏造。

在現實生活中，這種婚姻不勝枚舉，且這種合情合理的婚姻絕對不是最糟糕的。她們的要求很簡單，就是丈夫和孩子是傳統

的心理上的構成就可以了。而她們屬於典型的賢妻良母型。一個人若想「正確地」感受某種事物，前提條件是必須在情感不受任何事物干擾的情況下。可是思維對情感的經常干擾是任何事物都無法阻止的，所以要想使這種類型的人變得可以被理解，必須盡可能地壓抑思維這一現象。但這不代表這類女性一點也不思考，相反她可能是個很聰明，且經常大量思考的女性。然而，思維沒有明顯的獨特性，只不過是情感的衍屬物。她感覺不到的東西就無法有意識地對它思考，她們認為：「我無法去想我感覺不到的東西。」只要這種東西是情感所接受的，她都會很認真地思考，並且很有成效；如果這種情況或結論可能導致情感的混亂，它根本無法進入思考狀態，從一開始就會被關在思索的門外，無論它多麼合乎邏輯。由此可見，凡是和客觀價值相輔相成的結論都是好的、正確的，會受到擁護或被當作寵物，反之則似乎只在世界之外的空間存在。

在客體的重要性改變並達到一個較高的程度時，情況會完全不同。也就是說，主體和客體同化後幾乎全部將情感的主體淹沒了。再換句話說，就是情感失去它的個性特徵，成了為情感而情感。其人格又幾乎全部融化於眼前的情感中。實際的生活情境常常被更換，這就會使不相同的、相同的、相對立的情感產生，人格也會因此決裂成等量的情感狀態。這樣就會出現他在這一時刻具有某種情感，而在另一時刻會擁有不相同的另一種情感。但在現實中並不能出現這種多重的人格。與情感變化狀態相互牴

觸，是因為自我的基礎是不會改變的，它是保持同一不變。在觀察者看來，這樣的情感顯現是一種情緒的改變，說它是主體的個人表現，還不如說自我在發生改變。自身決裂的跡象會多多少少有些變化，這點與自我、與情感的瞬間狀態兩者之間的分裂程度相同，說明潛意識原來的調整性態度變成了一種公開的敵對。例如，誇張的情感張揚，講話變得囉嗦，誇誇其談地勸告等，顯現出這種對立。這些表現聽起來太過空洞，過度補償的抵抗成了一種一望可知的東西，讓人懷疑結果會不會因為這些情感的表白而變得不同。上述這些複雜的過程，事實上只用一下子的時間就改變了它們的樣子。只要環境中有極其微小的變化產生，就立刻會讓他對相同的對象有幾乎完全相反的評論。這些經驗的產生，觀察者將沒辦法仔細地對待這些評論，而且學會了保留自己的意見。既然與環境之間形成深入的情感與和睦的關係如此必不可少，那麼此類型的人就要以加倍的努力去克服旁人的保留態度。在惡性循環中，事情越搞越糟，今不如往。潛意識的對抗越來越顯得表面化，那麼就說明強調與客體間的情感關係過於強烈。

如果某人屬於外向情感型，他的情感功能就易被思維干擾，因此，他是設法壓制自己的思維。當思維要到達一種任意的、純粹的效果時，他就會首先將情感排除，原因是心理功能會擾亂思維和欺騙思維。

思維是一種獨立的心理功能，它在外向情感型人的身上受到不完全的壓抑。這種不完全體現在思維那種不留情面的邏輯逼迫

它得出與情感設法融合的結論的地方。思維成為情感的奴僕而存在，它無法依據自己的法則來自行運作。邏輯的存在和它所堅持的結論注定這種情況只能在意識之外，即在潛意識中的某個地點發生。這就說明這種類型的潛意識內容是一種獨特的思維，是原始的、幼稚的、否定的思維。

只要人格沒有被情感淹沒，意識情感保留著個人所擁有的特徵，這種潛意識就仍舊是具有補償性的。一旦人格分裂，分布在互相矛盾的情感狀態中，自我的同一性丟失，主體就成了潛意識的。當陷入潛意識的主體與潛意識的思維功能相連接時，潛意識思維功能有時也會進入意識中去。意識情感的強烈程度決定其「失去自我」的程度，同時也證明潛意識對抗的程度。如，潛意識觀念聚集在最有價值的客體上，不留情面地將它們的價值奪走，這恰恰是總用「它只不過是……」方式來思考的思維型的體現，因為它打敗了那種連結在客體情感上的優勢。

榮格認為，潛意識思想徘徊的表面，它帶著一種強迫性觀念的性質，以及否定和貶低的特性。這一否定性的思想利用了每一種幼兒式的偏見、比較來削減情感的價值，它試圖用各種原始本能的聚合來給情感做個「它只不過是……」的詮釋。同時這一過程也會將潛意識召集起來，激發活化它們所儲備的原始意象，重新振興建立在另一基礎上的態度。

有些時候，這類女人會將最可怕的思想強加於她們認為具有最高價值的對象身上。這一最高價值是她們的情感所賦予的。

歇斯底里症是世界嬰兒中發現的一種病症，它具有嬰兒性慾特徵。由於它明顯地帶有潛意識觀念，所以這種症狀是外向情感型心理症的主要形式。

榮格認為，外向情感型的人善於判斷周圍情況，在社會上起主角的作用。不過，由於對外界過於適應，反而對自己不利。他們經歷某種分化後最終與主觀修飾相分離，內心變得十分冷漠。雖然有非常美好的理想，但往往還沒計劃好就盲目行動，所以後果不堪設想。

（四）感覺型

這類人對客觀事物的特徵很敏感，在生活中十分注重對具體事物的經驗累積。其性格越突出，就越容易忽略自己所擁有的經驗，無法更好地將感覺「經驗」運用到實踐當中去，卻只把其當成一種新鮮感的前奏，或是一些僅存在細微的新意完全納入他興趣感覺範疇之內，並可用來服務這僅具一丁點新意的東西。也就是說，這類人比起自己的印象來，更重視他人的看法，所以容易取得事業上的成功，但也容易受他人支配。此外，虛榮心也較強。

在現實生活中，人們傾向於將這種高度發展的真實性看成理性的代表。事實恰恰相反，他們無論遇到非理性的，面對偶發事件，或是對待理性事件，都會受到感覺的擺布，但他們並不想信自己會受其支配。

　　榮格大師認為，理性在這種類型人中占大多數。在他們看來，感覺是生命的一種完美的具體表現，所以他們竭盡全力地嘲笑自己會受控制這一毫無說服力的觀點。外向感覺型人的感覺和直覺被稱為不合理的功能，即在他們的感覺或直覺中不能判斷好與壞、善與惡的真實差別。在現代人身上，不合理功能可以被更好地表現出來。這些人的目標是把每分每秒都看得很重要，用於具體的享樂，不在乎未來會如何，甚至在道德觀念上同樣有類似享樂的傾向。他們常常鋌而走險，愛收集無聊的東西，喜歡購物……這些都證明了此類人甘願為享樂而無私的犧牲一切。當然，這並不代表這類人只將精力浪費在淫欲或從事一些粗鄙的事情上，他們會將其感覺分散開用於純粹的最細膩的審美上，抽象的感覺也會忠於他的客觀感覺原則。

　　願意生活在現實之中，卻沒有支配欲望及反思傾向的人屬於外向感覺型人。他們希望可以經常性地擁有感覺，察覺客觀事物的存在，還要盡可能地享受感覺。他們具有追求歡樂的能力，注重現實帶來的快感，但並非不可愛，反而是一種很好的夥伴或對象。他們是生活中的「樂天派」，視覺和味覺非常靈敏，有時是位頗具審美功底，在設計和廚藝等方面都很出色的人。很多時候，他們會把很重要的事情放在一旁，甚至可以為晚餐是否豐盛這樣的問題而絞盡腦汁。當客觀事物帶給他們所想要的那種感覺後，他們對那些客觀事物就再也沒有聽下去或看下去的興趣了。但這些客觀事物必須是具體的、實實在在的，或是超越具體性的推測

但能增強感覺的。有時感覺的強化並不會使他們自身愉悅，他們也並不在意，因為他們只渴望得到這種單純的感覺，而不是官能刺激。相反地，來自於內心的感覺卻被他看成病態和厭煩的東西。

榮格指出，外向感覺型的思考和感覺來源於客觀事物，然而又將其轉化到客觀事物，這一事實違背了邏輯，他們顯得鎮定自若，毫不在意。他們過度信任現實，毫不猶豫地將明顯的心理衝突的存在看成是怪異的心理變態。他們在選擇愛人時，往往把對方是否具有強烈的吸引力作為標準。他們對人溫柔體貼，在適當的時候也會調適自身與現實之間的距離，這一舉動是被大家所熟悉的。他們對現實事物很少持敵對態度，因為他們的理想與觀念沒有任何衝突。

但是，外向感覺型的人容易有內向直覺型的陰影，易受騙術、神祕信仰的控制。榮格透過仔細研究指出，這類人越將感覺放在主宰位置，就會更快的失去感覺，越來越不滿意，而漸漸變得粗俗，淪落成自暴自棄、不求上進的人，比如易變成縱酒縱色之徒。對於這些客觀存在的事實，他們雖然也持鄙夷的看法，但無力去改變。這種態度只能證明它們是唯一可以用來刺激感覺的途徑。客觀事物被控制達到了一定的限度，此時與自我之間不存在任何可知覺關聯的心理內容或過程都被迫游離出自己的職能，而成為一種平衡、調節或補充性的功能，最終走向面對眾人不加隱蔽的對立。被壓抑的直覺以主體與客觀事物本身來支持自己。

在這裡我們著重講述榮格所說的「與自我之間不存在任何可知覺聯的心理內容或過程」這一非意識的概念。

我們將這一心理內容或過程稱為潛意識。我們有經驗和充分的理由證明潛意識這一過程的存在，這些經驗多數來自於心理病理學，體現在自我不知心理情緒的存在。催眠這一步驟能使遺忘的內容重新顯現。

潛意識內容未與意識連接之前是以什麼狀態存在，我們不得而知，我們也不會做出無意義的揣測，更不要說妄想將潛意識與腦髓和生理相連接。只能靠經驗推測潛意識的範圍和其飲食的內容，但也是不完整的。透過經驗得知，潛意識是意識內容透過丟失它們的能量價值而形成的。這些內容不會輕而易舉地意識的限制下被「忘卻」，是在適當的環境下形成的，有時甚至會在沉溺於很長時間後浮出腦海。舉個例子：在夢中，或以潛在記憶的形式處於催眠狀態，或者透過忘卻內容的自由連接得以復甦。

同時，我們還從經驗中得知，潛意識是意識內容透過「有意的忘卻」沉溺於意識限制之下，這叫做痛苦內容的壓抑，在此過程中能量價值並沒有遭受太大的損失。人格分裂意識崩潰的產生，是激烈的感情、神經震撼的結果，或透過精神分裂中人格的分裂產生。另外，從經驗中還可得知，有些知覺因為強度不夠或不夠注意而不能達到意識的統一，但可以透過潛意識的統一將其變成心理內容，這點可以在催眠術中得到證明。剩餘的那些能量較弱、注意力不集中的知覺被留在了潛意識的判斷或設想仍可以

有相同的事情發生。存在著潛意識的心理聯想不是意識針對的矛頭，會從潛意識中完全解脫，如「神話意象」。

這個對潛意識內容存在的假想完全在經驗中得到證明，但不會告訴我們潛意識包含什麼內容、其範圍有多大、知覺的界限是什麼等問題。

在有限的潛意識內容性質經驗中，我們將它簡單地分成個人潛意識和集體潛意識。個人潛意識包括被遺忘的、壓制的、想到的、感受到的和下意識（即不知不覺，無意識的心理活動，是機體對外界刺激的本能反應。唯心主義心理學將這種精神實質看作是潛伏在意識之下能支配人的思維和行動）領悟到的東西。集體潛意識源於一般心理功能的潛能，而不是個人獲得物，這一來源從遺傳的大腦結構中獲得。也就是說不需要歷史的傳承，就可以在任何時候任何地點上生長的動機和意象，如神話聯想。潛意識內容和意識內容一樣都在某種活動上很活躍，同樣潛意識也有其活動的產物，譬如夢、幻想，當然夢和幻想在意識中也是無法被猜測到其成分和數量。夢來自腦，無法有意讓其產生。

在這裡我們會引出另一個心理學術語 —— 補償。潛意識在感覺中被迫脫離了自己的職責後成了一種補償性功能。這裡所說的「補償」是指潛意識過程與意識的功能關聯。補償（compensation）被阿德勒賦予全新的理念，他認為藉由補償性心理系統對自卑感做功能調解，這意味著一種補充、調節和平衡，類似於器官在其低下的情況下做出的緩解調節。補償的評價

同樣需要透過經驗。經驗還證明潛意識過程低限度內容上升至意識情況的表層，也就是說所有在意識中不可或缺的內容也上升到表層。潛意識的補償功能被極大的調動，證明意識態度維繫的片面觀點越明顯。在病理學中有太多病例證明了這一點。

在外向感覺型中出現了有意思的推測，性對象病例中，嫉妒幻想、焦慮表現最為突出，甚至有不同種類的恐懼症（phobia），如強迫性的症狀，這一病理現象帶有明顯的非現實性的特徵，如帶有神祕的宗教或道德色彩，促使一種瑣碎、荒唐又很重視細節的道德和原始的迷信、神祕的宗教熱潮緊密地結合，在宗教禮儀中被完全釋放。這一切在壓抑的不健全的功能中生長，與意識觀點保持絕對的對應，以最荒謬的假想為依據，為外觀戴上了與現實的意識感受相對比的面具。以假想為根據與意識觀點相對立，顯然成了兩種不同的人格，思想與情感的結構被這兩種人格扭曲成不正常的仿諷（parody）；而理性被轉換成繁瑣的辯解和分析；宗教淪為直覺荒謬的迷信；道德卻成了可怕的說教和赤裸、露骨的種族信仰。

這兩種人格將人類的天賦轉變成老奸巨滑，不思進取，不在新事物、新領域進行探討，而是退回到人類情感最卑微、最脆弱的角落裡窺探。心理病症具有強迫特徵，表明潛意識並不贊同感覺型那種對客觀事物不在乎的態度，並對其持有種敵視態度。從理性判斷的角度講，感覺類型不如思索地接受所有發生的事物，這一缺乏原則的態度造成其判斷限制力被無情地剝奪。

　　理性的判斷代表某種意識的限制，這種限制是潛意識強迫性地壓抑感覺型的表現。理性中判斷的存在意味著他的類型與客觀事物保持著非同尋常的片面性時，就會陷入潛意識這個困境中，對客體依附越深，陷入潛意識越深。如果此種類型的人成為心理病患者的話，用理性的方式去治療是無法治癒的。心理專家想分析的那部分功能尚未分解處於未分化的狀態中。在生活中，我們常需要一些特殊的方式，這些方式能使人接受情緒壓力，保持清醒的意識。

第三章　個性昇華

　　關於「個性完善」的話題，許許多多學者做了大量研究與論述。榮格的「性格心理學」觀點在眾多理論著作中顯得雅而不俗。他的闡述深入淺出，語言極具心理學特色，為「個性完善」開闢了一條「性格心理學」的途徑。

解析個性的形成過程

榮格說

無論是遺傳還是身體方面的因素，如果對一個人的個性產生了消極影響，個人和師長都應進行積極的努力和引導，以使之個性向積極、健康的方向發展。

我們的性格取決於母親育兒的態度，這點理論在十九世紀被提出並被廣泛關注。以佛洛伊德為首的精神分析學派學者認為，在幼少時期由母親直接傳授給孩子的教養或其他經驗，對小孩子性格的發展有很大的影響，這是後來著名的「戀母情結」理論的重要根據。

佛洛伊德作為一名權威的精神病專家，自己也分析精神官能症病患者的臨床事例，觀察那些病患者所顯示的症狀與其回憶中出現的幼兒期體驗的因果關係，他認為親子間心理上的事件會形成他們長大後的性格形態，這點論證了佛洛伊德的理論。

榮格的個性理論，最主要是針對佛洛伊德理論中五種理念的批評與修正，榮格在他的分析理論中提出五大論點。

自我的功能

榮格所指的自我不是從原始性本我分化出來的，也不是夾在本我與超我之間只發生作用。自我有其獨立性、連續性和統合性；此三種特性是個體自幼在生活經驗中逐漸發展、形成的。自我之

內雖然也有意識與潛意識之分，但兩者並不是衝突的，而是調和的。一個自我發展正常的人，也就是人格健康的人。

自我潛意識

個體的自我發展，有兩個本源；其中之一即為個人潛意識，其與佛洛伊德理論中所指相同，有的是從意識境界中被壓抑下去而不復記憶者，有的是出自本我而強度不夠，不為個體所知覺。無論屬於何種情形，潛意識中的不愉快經驗，積壓多了就會形成情結。

集體潛意識

自我發展的另一本源，稱之集體潛意識。其不屬於個人所有是人類在種族演化中長期留下的一種普遍存在的原始心像與觀念。榮格稱此種原始心像與觀念為原型。原型代代相傳，成為人類累積的經驗，此類種族性的經驗，留存在同族人的潛意識中，成為每一個體人格結構的基礎。

人格內動力

榮格將人格結構視為由很多兩極相對的內動力所形成，諸如：意識與前意識相對、昇華與壓抑相對、理性與非理性相對、個性內向與個性外向相對。既有相對，自然就會產生緊張、不安定、不平衡、的情形。此即榮格人格結構的內在動力觀念。人格結構

內相對力量係來自欲力，欲力促動的結果，自然會使個體人格結構中有失衡。在兩性相對的很多人格傾向中，榮格特別重視內向與外向兩極相對的性格傾向。

人格的發展

榮格認為人格發展是連續化、統合化、個別化的成長歷程，在成長發展歷程中，最重要的是將兩極相對的內在動力，逐漸趨於調和，並偏向較成熟的一方；個體發展由內在的兩極相對達到兩種融合的地步，即表示其人格發展已臻於成熟。榮格認為，人格發展臻於成熟的年齡，不在兒童期與青年期，而在三十歲以後的成年期。

榮格第一次在理論中使用「個性化過程」這個詞是一九二一年，他在《心理類型學》一書中對此做了明確定義。不過這還不是他有關個性化問題的最早論述。

榮格認為個性化的特點就是把精神的各種非自我方面——如陰影、阿尼瑪、人格面具、阿尼姆斯，以及在人格中不是主要的態度和功能類型等加以強化區分，使之成為意識的過程。而這個過程最關鍵的一點是對各部分有關具體細節的事例，使它們成為一個在心理上不容分割的整體。所以，「個性化」意味著成為唯一的、同質的存在。「個性」包含著我們心靈深處的、最終的和獨一無二的特殊性，它也有成為一個人自我個性這個意思，所以我們可以把個性化解釋為個性或自性的實現。

（一）早期心靈意識的特徵

對於兒童來說，對他們最有影響的東西並不是來自父母的意識狀態，而是來自他們本身的無意識背景。對於傳統道德的家長來說，這裡就存在一個很頭疼的難題：不管我們做什麼努力，我們的意識及其內容或多或少能夠操縱，但他們對於孩子的影響跟那些背景中不可控制的影響相比，他們的影響顯得極其微弱。當我們對不可控制的影響，即對無意識過程予以應有的重視時，道德的標準讓我們非常無奈。假如意志和有意識對無意識無法控制，保護孩子使其免受我們的影響就是唯一可行的辦法。毫無疑問，家長們肯定有信心依照自身的問題和衝突來分析孩子們的心理病症，即根據自身經驗，這將對問題的解決極為有益。父母有義務這樣做。他們有義務和責任要求他們必須過一種哭泣會對孩子傷害心靈的生活。正常來說，父母的行為對兒童的重要性並不被重視。而對孩子起作用的是父母的行為，父母應該對此引起充分重視，也就可斷定他們的自身行為便是其孩子精神官能症的根本原因所在。用通俗的話說，即是「父行子效」。孩子所表現出來的行為往往是父母平時的行為，父母的行為直接影響孩子的行為，只是沒有引起所有父母的關注。

但是，我們絕不能因此而誇大無意識的影響，即使它能使我們的意識世界得到令人滿意的結果，但我們仍不能誇大它的重要性，精神不是一成不變由某種特殊刺激物必然產生的，所以，誇大對我們沒有益處。在實踐心理學中，我們經常遇到這樣的情況：

即使在有幾個孩子的家庭中，父母的無意識只會對一個孩子在相當程度產生作用。無疑個性的特質對這件事起了決定性的作用。因此，受過正規系統訓練的生物心理學家應抓住這一特性，傾向於研究整個家庭的遺傳特性，而非當時的精神原因。但這種研究的結果，無論其整體上如何令人滿意，可是與個別情況關係不大，因為它對心理治療並沒有提供什麼實際的線索。暫且不論遺傳規律，在父母與兒童之間存在著心理因果關係，這是事實的存在。但真正的事實是，遺傳的觀點相當程度上，會將教育人員或治療人員在對父母影響的實際意義方面的關注，引向遺傳學。這樣的話，或多或少有點消極。

用宿命論的思想去崇拜人體內的遺傳物質，這樣容易產生的後果是：遺傳便是一切。

同樣，父母和教育人員如果正如將所有的難題都歸到遺傳因素而忽視心理因果因素的關係，這無疑也是一個很嚴重的失誤。可以說，在一切情況下，兩種因素是同時對人起作用的，排斥其中一個，另一個也就不復存在了。這種相互的關係，值得注意。

父母對兒童的影響是最大的，因為父母所經歷過的生活，是那部分他們本來會經歷到，而且沒有理由不去經歷的生活。所以他們對兒童的心理狀態和教育是一種經驗教育。說得通俗一些，就是那部分他們是逃避，而且很可能加以掩飾來逃避的生活，對兒童的影響是極為深刻的。如果選擇錯誤逃避，這將對兒童的教育失敗埋下致命的禍根。

　　我們認為榮格提倡明智的自知是非常恰當的。一般來說父母在相當程度上受到的指責都是由此情況的性質所決定。我們應記得這是一個非常古老的原罪問題，是一種與生活道德相違背，然而並不違反人類道德的問題，這是從無意識角度遺傳祖先無意識而形成的說法，與實際事實並不衝突。

　　我們也要清楚地看到，兒童反應的形式或強度取決於父母問題的差異。有時候這些因素起的作用不過是作為一種推動力。其真正原因可以從遺傳的角度上得到更好的論證，當然，用心理因果關係的解釋顯得有點不足。

　　如果人為誇張地將父母的問題解釋為道德問題的話，那麼，它對兒童心理產生的影響作用及其意義將會被嚴重地誤解。而在很多的時候，我們涉及的似乎都是一些在我們意識判斷之外，很難理解的命運般的自然精神，一種意外而無法很清醒解釋的東西困擾著我們。比如貴族後代出現的貧化傾向；德高望重的名門貴族中，其子女卻出現犯罪的行為；在高階經營管理中大有作為的人，其子女身上出現的那種麻木不仁或是出奇的懶惰等等。所有這些都不是因為父母希望後代過的一種生活，而是一種無意識被命運的補償安排，是自然精神的作用。它可能是客觀的，也可能是無意識的客觀。它造成的前後對比，形成補償關係。對此，教育和心理治療是徒勞的。如果應用得合理，這些方法或許可以用來鼓勵兒童去完成自然精神命運責任。雖然父母的原罪過錯是客

觀原因所致，但是孩子也不應個人負有對這種罪過做出抵償的責任。很荒謬的原罪抵償，這能說是個意外嗎？這還有待證實。

只是對那些本能夠不發生罪過，卻由於個人的懶惰、疏忽，以及其它不好的精神習慣而產生不可原諒的錯誤的家長，他們的問題才是該責難的，他們的影響才會成為道德問題，父母應該負全部重大的責任。我們自然不用與父母做任何辯解。這是我們不可原諒的對兒童造成過錯的悲哀，父母應注意到這一點。不知道，實際上就等於犯罪。

在意識的自我「同一」原理下，有其父便有其子。這原理作為個性和他與父母之間的因果關係來做區別。或者說，祖父母和曾祖父母才是孩子真正的祖先更為確切。這些祖先遠比直接有親密關係的父母解釋兒童的個性更明瞭。可以換句話說，兒童真實的心理個性相對於父母來說，是某種熟悉而陌生的東西。這種真實的心理個性並不能從父母的精神中獲得，而是潛存於父母精神中的，這確實是讓我們意外的。從個體上與人類集體精神的相比，不僅兒童的身體，就連兒童的心靈也是淵源於其祖先的。

透過對榮格的兒童前心靈意識理論的分析，我們得出的結論是，人的心靈意識進化是一個繼承與進步的過程，兒童先於自我意識階段的精神，並非空洞無物。繼承祖先的潛在意識處於朦朧狀態，只是同時得到外界物的刺激才表現出來。當語言發展時，兒童的意識便隨即出現。這種具有瞬時內涵和記憶的意識便自動檢驗先前的集體內涵。而事實也證明了在未獲得自我意識的兒童

身上，確實自然擁有著這些內涵，這方面最重要的證據便是前面講的三四歲兒童所做的夢。這些夢有許多是非常神祕，而且寓意很深刻的，我們無法明白。如果我們事先不知道這是兒童做的夢，人們會理所當然覺得夢中的那些東西很成熟，是只有成年人才做的夢。這些夢都是祖先痕跡正在退化的集體精神的最後痕跡，這種透過兒童的夢來重現人類心靈中永恆的內涵的做法有點可笑。在這個階段，因為這些退化必然突然產生出許多恐懼，以及各種朦朧的成熟的預感。這些預感會在以後的生活階段中再出現，因為人們相信人死後靈魂可以重新投胎，這種迷信的說法為此提供了機會。在這種情況下，這些預言都是很靈驗的。正如人們通常說的：只有小孩和傻子說實話。這種實話是一種人類心靈遺留下來的印證。

這種遺傳下來的與嬰兒密切相連而普遍存在於無意識裡的集體精神，不僅提示了父母的背景，而且直接進入了人類靈魂的善惡深處。

在原始社會，人們常常認為兒童的靈魂是祖先靈魂的復活。因此，懲罰兒童的行為是很慎重的，他們得考慮這樣做的後果，是否會激怒祖先的靈魂。這種看法又是可以作為我們前面觀點的另一有力證據，這是值得關注的。

兒童前意識心靈的寬容可以消失，也可能被保留下來，這正好說明兒童前意識的心靈，對以後的作用是一個變化的心靈演化狀態。兒童心理在成人身上所留下的只有兩種不同的東西，分為

最好的和最壞的品質，這也體現了意識的自然進化與選擇方式。但有一個規則，不管我們是否意識到這一點，它們始終都是精神主宰力量。這一點，決定了我們活動在人生棋盤上扮演什麼樣的角色。它們的神祕力量完全可以改變一個人，殘忍的暴君變成一個兇狠的父親，也能讓呆傻的命運女神變成倔強的母親。因為在每個單獨的父親背後，都存在一個父親的相對應原始意象，而在每個親愛的母親背後則有著聖母的光環。前意識心靈的主要因素加強和創造了這些集體精神原形，它們被不朽的藝術作品以及宗教的狂熱教義主義大大強化了，於是產生了神與聖母。自然而然，一旦這些原形投射到人類祖先身上時，他們必然被賦予了巨大的神祕力量，由此產生的錯誤精神病病因論，便是一個很好的例子。這在佛洛伊德那裡被系統化為戀母情結。這便也說明了在精神病病症的後期生活中，父母的形象依舊發揮著它那神祕力量的作用，但它能被批判、修正，直到像常人一樣。假如父親確實擁有這種神祕力量的話，那麼，兒子很快就會將父親從心靈中除掉，或者乾脆自己就不做父親，這是兒子心靈自然力量的反抗。

今天，我們在仍有可能殘存於古代人的象徵意象和神話中，鮮明地再現人類的歷史。我們閱讀古希臘的神話或中國的民間故事，雖然我們看不出它們和我們有什麼歷史上的關聯，但某些關聯仍顯示象徵與人類息息相關。正如榮格博士提出，人類的精神有自己的歷史，心靈保留著許多人發展的先前階段中留下來的痕

跡。此外，潛意識的內容對心靈形成有影響。也許我們有意識地忽視它們，但我們仍無意識地與它們起反應。

（二）心靈意識的發展過程

　　榮格博士研究了許多人做夢的情形後，發現所有夢與做夢者的生活密切相關。他覺得這是一種安排或模式。榮格稱這種模式為「個性化的過程」，因為夢每晚產生互相不同的景象和意念，如果我們不細心地觀察，就不會覺察出任何模式。我們的夢生活出現曲折的模式，此模式中個性的要素或趨勢逐漸少見，然後沒有痕跡，不久後又重新出現。認真觀察這一過程，不難看出這是一種極其緩慢而不可知的心靈發展過程 ── 個性化過程。

　　縱觀每個年代人類曾本能地關注這種內在的存在，希臘人稱之為人的內在「魔鬼」；在埃及，則把它看作為「附鬼」的概念；而羅馬人把它當作與生俱來的「天賦」來加以崇敬。在更原始的社會，它通常被當作一個保護部落的神靈，這些在動物或物神中具體表現出來。一直住在拉布拉多半島（北美洲東北部半島之一）森林的美洲原住民，則以異常純潔、純天然的形式表現出來。這些單純樸素的美洲原住民以打獵為生，每個家庭彼此距離很遠，彼此獨立，「老死不相往來」，以致大家彼此不涉及部落的習俗或集體宗教信仰和典禮。在這些原住民一生的孤獨歲月裡，獵人僅僅依靠自己內在的「聲音」和潛意識行事，他們沒有宗教的導師指導他們該信什麼教，而且也沒有祭祀儀式、宴會或習俗幫助他們獲

得準則。在他們基本的內在意識裡，人類的靈魂被當作是個「內在朋友」，他們稱之為「我的朋友」，意思是「偉大的人」。它寄住在人心之中，而且不僅在死亡那一刻，它會離開人的肉體，然後投胎，變成另一種生物，存在於他們身邊。

這段文字看來很像「世外桃源」，卻又有相當程度的不同，這裡表達的是自己的心靈世界，是完全獨立個體的心靈。強調個人心靈的自我模式，而「世外桃源」呈現的則是一幅人與人、物與物之間的協調畫面，不體現人的內心與個性，而是個體與個性之間的合作。或許這便是中西方之間的文化區別。但強調個性心靈或個體協作，只是重視各自的文化觀點，並沒有本質的區別。

自我並非天生地隨著個人主觀意願，隨意地衝突而產生，而是幫助製造真正的整體——整個心靈。自我把整個系統弄得順暢起來，讓它變得有意識，因而可以被明顯識別。

從某個觀點來看，這個過程單獨在人類的潛意識中進行，依靠這個過程，人類從天生的個性中超越出來。確切地說，只有當個體對個性化有所感知，以及有意識地和它結合，個性化的過程才是實際的。狹義地說，這種合作屬於個性化的過程。

心靈核心具有積極創造力，只有我們放棄所有的意圖和欲求，以達到較深刻的存在，我們的心靈才可以充實。生活在文明社會的人，比較難了解為了使人格發展而必須放棄追求功利主義的道理。有次榮格博士遇到一個安詳的老婦人，她一生都沒什麼讓人稱道的成就，不過她和一個難以取悅的丈夫相處得不錯，

婚姻也算是美滿，而且人格發展相當成熟。她曾向榮格博士埋怨過，說他一生都沒什麼「建樹」。於是榮格博士微笑著告訴她一個有關中國哲人莊子的故事。她細細品味其中的道理，感到安心不少。這個故事是這樣的：

有一個姓魯的木匠到趙國去，經過邯鄲，看見一棵用作祭社稷的大櫟樹。這個木匠對很羨慕這株大櫟樹的弟子們說：「它是沒用的散木。用它做船會沉，用它做棺椁會很快腐爛，用它做器具會很快毀壞，可說是一棵不材的樹木。正是因為沒有一點用處，它才能這樣長壽。」

木匠當天回家以後，夜裡夢見櫟樹對他說：「你將要用什麼東西和我相比呢？你要把我比作有用的木頭嗎？那結出梨、橘、柚等果實的樹木，果實熟了就要遭受敲打，大枝被折斷，小枝被扭爛，這都是因為它們有用而苦了自己一生。所以不能享盡天賦的壽命，而中道夭折，這是它們自己招來的打擊。一切有用的東西沒有不是這樣子的。我求做到無用的地步很久了，曾有好幾次幾乎被砍伐而死。而且你和我都是物，為什麼要互相利用呢？你是將要死的散人，又如何能夠知道散木呢？」

那木匠明顯地了解自己的夢，他完全看出完成一個人的命運，就是最大的成就，而我們功利主義的觀念卻在面對潛意識心靈的需求時讓步。如果我們以心理學的語言翻譯這個暗喻，那麼，櫟樹就象徵個性化的過程給我們短視的自我一場教訓。我們

似乎並不能完整明白這故事給我們的啟示，但有一點很震撼我們的內心——「無為亦是道」。

莊子的故事中，社稷是人們祭拜的土地神。社稷的象徵指出一個事實：為了令個性化的過程成為事實，不應以為常理就是真理。我們必須聆聽，以學習內在全體——「自己」——希望我們在某種特殊的情況下做事。這點倒是可能解釋老婦人的「無為而為」了，為什麼非得都是對社會做出明顯貢獻的人才算是成功？她的成功是一種社會形態要求的表現，是值得肯定的。

下面介紹一些榮格博士在人類心靈研究上的一些事實成果，這些事實展示的是我們存在但並不熟知的心靈內在。

對榮格來講，真正有效的治療必須由徹底全部了解病人最隱私的這個故事開始。這是病人本身的祕密，也是他的致命傷。如果能了解到這個祕密的話，就不難掌握治療的關鍵。

舉一個催眠治療的例子：

在有關催眠的課堂上，醫生通常會引一位病人到學生面前，並且對病人的個人背景資料向學生做詳細的說明。其中一個病例印象非常深刻：有一天，一個顯然具有強烈宗教傾向的中年婦女在女僕陪伴下，拄著拐杖出現在我的診間。她看上去大約五十八歲左右，左腳罹患麻痺症長達十七年之久。我讓她坐在一張很舒適的椅子上，然後請她將一切告知我。她開始一五一十地敘述整個生病的經過以及所受的痛苦與折磨。最後，我打斷她：「好了，現在沒有時間再多說了，我馬上要將你催眠了。」

當我說完這幾個字，她竟然自己立即閉上雙眼進入非常之睡眠狀態，這點倒是有些意外。半個小時後待她醒過來，我發覺她顯得相當迷惑。我告訴她：「我是醫生，你沒有什麼大礙了！」結果她竟然大叫：「我好了！」接著把拐杖丟掉，在我們面前一步步走起來，看來真的好了。

事實上，幫我建立我在當地醫生中的名氣的不是別人，正是這位女士。自從她將這件奇怪的事情宣揚開了之後，我私下收了許多病人。而我的醫學心理治療，竟然是由一個把我認成她兒子的誤會事件的女人開始。當然，後來我將這件事耐心細膩地分析給她聽，她也只好接受了這個事實，而且她的病也不再復發過，這是我的願望，也成了事實。

這就是我第一次治療的經驗 —— 應該說，是我的第一次心理分析。我的頭腦仍清晰地記得這位女士和我交談所說的話，她是個非常有智慧而且寬宏的女人，對於我慎重地處理她的病情以及在其中對她們母子所表現出的我作為朋友的關懷，她表示非常感激。這對我以後工作的堅持有很大的鼓舞作用。

你永遠不知道病人病況的進步和進展，而且在這種沒有把握的不確定的情形下，我也常感到良心不安，也不喜歡單獨決定病人應該怎麼做。我作為醫生，真正關心的是如何從病人最自然的發展裡獲取更多資料，這對一個醫生做好判斷是非常重要的。因此，必須更小心地分析他們的夢，以及由潛意識裡所表現出來的行為。如果心理生活只是由表面的事件構成的話，正如原始程

度，我們可以滿足於現在的經驗主義了，但是，現代的文明仍然充滿了心理生活的問題，我們必須帶著問題去思考它，簡直就不能用其他辦法了。它們是現代文明送給我們充滿問題的禮物，因為我們需要意識來做現在我們做的一切，也就是要做出一個肯定的、能夠接受的決定。只要我們仍然在自然中，我們就是生活在自身本能的安全保護狀態下，因為本能是不存在問題的。這就把我們引入一種孤獨的境地，我們為自然所拋棄，只能到意識那裡避難。每一個問題都要求我們需要更多；童年樂園離我們越來越遠。每一個人都不想自己有問題，有人根本就不願想到它，更甚者根本否認它的存在。但是這種否認做法並不能帶來信念，相反，只能要求意識更多地給予我們所需要解決問題的確定性和清晰性。

由識別所構成的意識的第一層是一種無秩序的或者說混亂的狀態，第二層是自我情結得到發展的階段，是一種單一化的或者說一元化的階段；第三層意識又發展至更深層次，它進化到人對自己分裂狀態的認識構成，它是一個雙層面的階段。

我們現在要研究的是人生階段的青年期，按照榮格的說法，它的包含範圍是從青春期到中年。

為什麼我們選擇人生的第二階段作為討論的開始？最大原因是青年階段各種問題我們都比較熟悉，相對大多數人來說，討論我們所熟悉的東西是比較容易讓我們開心的，問題也可以更深入地被解決。

（三）性格成熟

性格是怎樣發展成熟的呢？它要受到哪些因素的影響？或者它有無變化？這些是心理學研究的一個重要方面，也是心理學愛好者所關心的問題。

榮格認為，性格的發展、形成及變化，和人的遺傳、環境等因素有著密切的關係。

遺傳因素透過什麼途徑來影響人的性格？這是一個非常複雜而爭議頗大的問題。一般理論都傾向認為，遺傳因素透過氣質和智力而影響人的性格。在遺傳因素的作用形成的氣質，按照自己的活動方式，使性格具有獨特的色彩。例如同樣是助人為樂的性格特徵，多血質的人在幫助人時動作敏捷、熱情溢於言表，而黏液質的人則沉著冷靜，情感蘊含在心。氣質為人的高級神經活動類型所決定，所以，一開始氣質就影響性格形成和發展速度。

不論兒童是由生身父母還是由收養或寄養家庭撫養，他們和生身父母之間在智商上總有顯著的相關。榮格把此歸因於遺傳對智力的影響。進而言之，智力和性格都受高級神經活動的特性和類型的影響，而智力對人性格形成是有作用的。這作用在人的發展過程中顯示出來。人們運用自己的聰明才智，掌握相應的知識和技能，冷靜地審時度勢，使自己的行為符合客觀規律，這樣就會促使自己勇於克服困難，在艱難險阻中表現出自覺、大膽、果斷和堅毅等良好的性格特徵。因此大凡政治家、發明家、作家、

藝術家，雖然從事不同的職業，但他們都兼有高度發達的智力、創造力和優良的性格特徵。

性格不但受遺傳因素的影響，更為重要的是，環境是性格發展形成的一個決定性因素。環境的作用主要是透過家庭、學校、社會活動圈子以及工作實踐來發生效應的。

性格的成熟是相對的，絕對的成熟是不存在的。從人所處環境的變化不定來講，性格也有一定變化，但是，除非較大刺激（比如失戀、對自己重要的人發生意外、重大失敗或挫折等），一個人的性格一旦形成也就基本穩定不變。

人格培養

榮格說

性格的成熟是相對的，絕對的成熟是不存在的。從人所處環境的變化不定來講，性格也有一定變化，但是，除非較大刺激（比如失戀、對自己重要的人發生意外、重大失敗或挫折等），一個人的性格一旦形成也就基本穩定不變。

從榮格的理論上我們不難發現他是一個特別強調無意識，特別是集體無意識的非理性心理學家。但這並不是表明他不重視意識，事實並非如此。在榮格理論中，心理健康的標準應該是在意識的指導下，使意識心靈和無意識內容合而為一的過程。榮格認為這是「個性化」或「自性實現」的漫長過程。我們也可以肯定地

說：只有達到個性化的人才是最健康的人，才是一個具有完全的平衡和統一人格的人。

而事實是，榮格的一生都在試著調節著自身的內在矛盾。在童年的時光，他既覺得自己笨拙，又認為自己相當的聰明；學生時代，他盡力找能使自己主觀的世界觀與客觀的科學觀相協調的道路；青年時期，他又在精神病患者身上看到了同樣問題，即病人需要他們幻想的神話，也需要與外部世界保持交流。後來，榮格在理論研究中發現了「內向」和「外向」，這使他明白一個道理：在個性形成過程中沒有絕對的一面，而應採取一種「中庸」的立場。只有這樣，人格才會始終保持一種比較的平衡狀態。

對於「早期人格開發」問題，榮格博士寫過大量兒童的心路歷程和心理問題的研究的文章。

（一）窺視兒童的早期心理

有個叫安娜的小女孩剛滿三歲，她聰明伶俐、健康活潑，而且感情細膩豐富。這天下午，安娜仰起臉問她的祖母：

「奶奶，你的眼睛為什麼看不清楚東西呢？」

「因為我年紀大了！」

「那您還會年輕嗎？」

「哦，親愛的，不會了！我的年齡會一天一天增加，最後我就會去世。」

「去世後你去幹什麼呢？」

「去世後我會變成天堂裡的天使。」

「然後您又會變成小孩子，是嗎？」

到這裡，這孩子很巧妙地使一個心中疑惑的問題得到了暫時解決。而這個問題的出現是由於她曾經一直在追問母親她能否擁有一個真正活著的洋娃娃 —— 一個小弟弟，當這個問題被無意地淡淡提出時，沒有引起母親的注意。因而，有一天，她從媽媽那裡聽到白鸛將嬰兒帶到世上來的有趣故事，從這個故事出發，小女孩便開始了其執著探求的問題。從她與祖母的談話中可看出，這種說法是在童話中存在的。因為它不僅巧妙地避開有關死亡這種痛苦、忌諱的說法，而且同時也解釋了小孩從哪裡來的謎語。

值得注意的是，在本例中，小弟弟的出生成為安娜人生經歷中的重要起點。這時的安娜已滿四歲，在此之前尚未論及的關於孩子從哪裡來，已成了她目前關注的問題。安娜對母親懷孕這件事沒有很在意，也從未對此進行觀察。臨產之夜，陣痛才剛開始，父親把女兒帶到房間，放在自己膝蓋上說：「告訴爸爸，如果今晚你有了個弟弟，你會怎麼辦？」「我要殺了他。」她馬上說。「殺」這種表達似乎令我們吃驚，但事實上是這樣的嗎？因為「殺」與「死」像佛洛伊德曾多次指出的那樣：在兒童語言中，不管是主動還是被動，都僅僅表示「除掉」之意。我們解決過一個十五歲的女孩的問題，她在分析中出現不斷重複的聯想，老是想著席勒的《鐘歌》。她也從未認真讀過這首詩，而僅僅記得有關教學塔樓的部分：

從教堂裡，

傳來一陣陣

送葬的哀慟鐘聲，

淒涼而低沉。

沉悶而悠長的鐘聲

送走每一位結束他最後旅程的旅人……

唉！這是那位溫柔而美麗的妻子，

唉！這是那位賢惠的母親，

是黑心的地獄統治者

迫使她離開丈夫的溫暖懷抱……

　　她很愛母親，自然絲毫沒想過她的死，只是現在她得和母親出去六個星期，與親戚待在一起。去年是母親獨自出去，她則留下來和父親作伴。

　　因此，在兒童口頭上，「殺」是一種完全無害的表達。特別是當我們知道安娜是很模糊地用它來表示各種可能的破壞消失時，就更是這樣了。

　　當母親分娩結束，一切處理好後，父親來到正在安睡的安娜房間時，安娜就醒了。得知自己有一個弟弟時，她既驚異又緊張。看到新來這個世界的弟弟，她並沒有流露出一絲喜悅的跡象，她的冷漠讓大家很有點莫名其妙。接下來的整個上午她有意避開母親，與平時的親近行為大不相同。可是，當她與母親有機

會獨處時，她便用雙手緊緊圍著母親的脖子，急切地悄聲問道：「你現在會死嗎？」

這話充分暴露出孩子心中某些衝突的東西，有關白鸛的故事顯然被理解錯了，而對自己的想像假設的理解則從沒懷疑過。根據這種假設，一個嬰兒出生是透過死亡來完成的。

根據這個理論，母親就是應該死去的。如果是那樣的話，安娜的冷漠便可以理解。而且她已經孩子氣地嫉妒起這個新生命了。然而從父母的報告中可以看出，白鸛一說則被多次提到，當然就有一種力量來支持這一說法了。

當安娜回到家，再見到母親時，她對弟弟的那種既尷尬又懷疑的表情又不自覺地表現出來，但她對弟弟仍然表現得十分友好，甚至跟照顧弟弟的奶媽爭搶照顧權。在此，安娜表現出一種生活特徵：幻想、詩意的初次激發，以及被莫名的悲哀籠罩著的情緒。一個四歲的孩子與處於青春期的少男少女的心理如此接近是不可能的，但這種相似卻不在於年齡，而是在於生理事實。而這種哀傷的幻想也正好表明這樣一個事實：即從前屬於並應屬於某個真實客體的那部分愛，已轉向了主體內部，並在那裡引起一種持續加強的幻想活動。

她與奶媽爭奪照顧權是一個很有趣的故事。她一開始便不滿意奶媽的裝飾，並且在所有的事情上對奶媽表示出她的不滿態度。隨後到了睡覺時間，她就是不要奶媽的服侍，拒絕像往常一樣乖乖睡覺。這種牴觸的原因在後來一次激烈的爭吵中被我們知

道，安娜站在弟弟床邊，大聲對奶媽叫道：「他是我弟弟的，不是你的。」只是大人並不理會她的這一舉動，無奈她只好與奶媽達成和解了，並開始自己扮演奶媽角色。她和奶媽一樣地裝扮，戴著白帽子，腰圍小圍裙，照顧起小弟弟還有她自己的洋娃娃。但比起快樂的從前，她的情緒有了明顯的悲哀神情，而且有時顯得神情冷漠。可憐的小大人啊！她常常長時間的縮在桌底下，獨自哼著一些讓人難懂的童謠和故事，仔細聽著，似乎是一些與奶媽有關的、充滿幼稚幻想之類的東西，如「我是一個戴著綠色十字架的奶媽」等，其中流露出的痛苦情感讓人覺得那麼無奈與心酸。

就目前這些變化而言，要得出一些結論顯然不可能，但我們心裡能感覺到這幼小心靈變化帶給我們的觸動，似乎在要求我們注意一個問題：它是這一時期的特有心理表現，還是由一種心理衝突引起的呢？

對於這個問題，下面的對話或許對我們能有啟示作用。

安娜變得越來越不聽媽媽的話了，經常驕傲倔強對媽媽說：

「我要回奶奶那裡去！」

「你去我會很想你，也會很難過的。」

「是嗎？你不是有小弟弟嗎？」

不難看出，她顯然想試探媽媽對她的想法會做出什麼樣的反應，媽媽的真實態度究竟是什麼，小弟弟是否會剝奪母親對她的疼愛，而母親做出的反應表明了這孩子威脅要出走的實在意義了。當然，我們是不可能把這可愛計謀當真的，雖然小弟弟真的

存在，但小女孩也能夠看出媽媽對自己的愛並沒有減少，還像以前一樣。她自己也覺得對媽媽的苛責是不應該的，而且她心裡也感到很矛盾，畢竟她是假裝的。不過，即使是成人，我們也經常用這種方法來表示，我們不需要認真對待，也不必在意是別的事情的前兆，不過這次抵抗的程度提高了，下面的事情證明了這一點：

媽媽說：「孩子，我帶你到公園去玩。」

安娜看了媽媽一眼，說：「是真的嗎？」

媽媽：「你怎麼會說這樣的話呢？我怎麼會騙你呢？」

安娜：「我不相信你！」

媽媽：「你一會兒就會明白我不是在胡說八道，我們現在就去公園玩吧。」

安娜：「真的嗎？你肯定說的是真話嗎？你沒說謊吧？」

類似這樣的情形已經出現了好幾次，但這次的語調顯得更激烈、更執拗，並且「說謊」二字流露出一種不甚理解的特殊意義。一開始時，父母的確沒有注意到孩子答話中的語調有什麼不一樣，在這個問題上，他們和正規教育的做法是一樣的。我們往往很難有意去留意孩子在各個發育階段的說話內容，在很多重要的事情上，我們只當他們因為任性而顯得不正常，在生活細節上，他們則是我們教育的對象了。在牴觸情緒後面，是存在著問題和矛盾，而這種問題與矛盾，我們在不同場合和時間已經經歷很多

了，但通常我們不會把這些東西與牴觸情緒連繫在一起。因而有一天，安娜提出了一些使媽媽不可理解的問題：

「我長大了想當奶媽。」

「我小時候也想當奶媽呢！」

「那你為什麼現在不是呢？」

「哦，因為我後來當了媽媽，我有了自己的孩子要照顧。」

安娜又很有見識地補充道：「我長大後會和你不同嗎？我會到別處去生活嗎？我還能和你一起生活嗎？」媽媽的回答又一次暴露了孩子把話題引向哪裡的目的。安娜顯然是想要像奶媽那樣照看孩子，而奶媽從哪裡得到孩子，這是顯而易見的，並且安娜長大後也可以用同樣的方法得到孩子。那麼，為什麼媽媽不是這樣的奶媽呢？也就是說，如果她不是像奶媽那樣得到孩子，她又用什麼辦法得到孩子呢？安娜也可以像奶媽那樣得到孩子嗎？她無法清楚知道她將怎樣像母親那樣得到孩子。於是，我們注意到提出「我長大後會和你不同嗎」這樣令人深思的問題。到底會是什麼樣的不同呢？白鸛的說法已經很沒說服力，死後變成天使的說法也不恰當了，她目前就只能接受像奶媽那樣得到孩子，這是很自然而正確的想法。

可是，對媽媽來說又該如何解答這些問題呢？她不是奶媽卻有孩子，孩子顯然不理解這一點不同，於是安娜又這樣問：「為什麼你不是奶媽呢？」她的意思是為什麼媽媽不能用像這麼簡單的方法獲得一個孩子呢？這種孩子式的詢問方式具有典型性，但我

們沒辦法將這樣難解的問題與孩子對這個問題的模糊理解連繫起來。或許我們可以在後面的敘述中找到這些可能性的證據。

安娜仍存在這樣一個問題:「孩子到底從哪裡來?」不是白鸛帶來的,媽媽並不是像奶媽那樣得到孩子,也沒有變成天使。雖然她以前問過這樣的問題,父親告訴她是白鸛帶來孩子的,但她明顯一直是懷疑的。那麼,她對父母及其它人的懷疑便轉移到對小弟弟的態度上了,這也就解答了我們以為是由於孩子內向性格而造成的悲哀幻想。為什麼會產生這樣的懷疑呢?那不能從父母那裡知道的東西到底會是什麼?

其中究竟是什麼祕密?這些將在孩子心中形成許多疑問。而孩子最後得出的結論是:那肯定是不能讓別人知道的東西,也許還是很危險的東西。孩子的有目的提問沒有獲得滿意的真實答案,問題向內心發展,這種力量對四歲孩子來說很微弱,因而孩子便產生一種補償心理,即依靠施加壓力來確保母愛的補償。而常用方法往往只是夜裡哭叫媽媽,這是在孩子出生以後常見的現象,隨著年齡的增長,目的越來越明確了,直到出現今天的局面。

還有一事值得注意:當人們時常談論不久前的大地震的事時,安娜似乎對此特別感興趣,整天圍著媽媽,不斷地詢問地震是怎樣震動的,房子是如何被震倒,以及有多少人死了。安娜便由此有了夜間恐懼症。她不能單獨一人睡覺,必須得媽媽陪她,否則就會害怕發生地震,房子倒下來會砸到她。無論什麼時候,她滿腦子都是這些可怕想法。有時與家人外出遊玩時,她還是一

直問著一些這樣的問題:「我們回來時房子還會在嗎?」「奶奶還會見到我們嗎?」「你真的能肯定家裡沒有發生過地震嗎?」連看到路邊一塊石頭,她都要懷疑是地震帶來的,經過正在修建房子的工地,她都以為是被地震破壞的,諸如此類的問題屢見不鮮。而且她常常在夜裡大叫地震了,說她聽到了地震的聲音了。大家只好掏空心思安慰她,後來有人告訴她,只有在有火山的地方才有地震,可她又要別人肯定她住的小鎮附近沒有火山。最後,她還是不放心,而且搬出了父親書房中所有的地圖和書本,整天在查找火山和地震的圖片,並不斷地向人提出各式各樣的關於火山的問題。她這種年齡的兒童的這種舉動是很不合常理的,這很需要關注。

到目前為止,我們看到了一種將恐懼轉化為求知欲的有意思的例子。小女孩的行為顯然是一種早熟的現象。在現實生活中,我們也可以看到許多天才兒童有著同樣的問題,他們在被灌輸沒有任何意義的不合時宜的教育。就這個年齡而言,這種教育對他們只能是在加重一種精神官能症。這孩子求知欲的根源是恐懼,而恐懼是心理意識轉化的一種表現,即這是一種可以成為精神官能症的內向性心理,它對這個年齡段兒童的發育來說,是既必要的,又不無益。這種求知欲被引向哪裡,我們只要看看她每天都要問的一連串問題,就會完全明白了。

「為什麼麗達(妹妹)比我小呢?」

「坎伯特(小弟弟)以前住在什麼地方?」

「他是住在美麗的天堂嗎？他每天在天堂幹什麼？」

「他為什麼現在來我們家，以前為什麼不來？」

既然已經到了不能避開問題的地步，父親決定找個合適的機會告訴安娜關於小弟弟的來歷。

機會很快就有了，沒過幾天，安娜又問起白鶴的事，媽媽對她說，弟弟不是白鶴帶來的，而是從媽媽肚子裡長出來的，就像小草從地裡長出來的一樣。一開始他很小，後來他像小草一樣長大，而且越來越大，直到成長出來。安娜一直很認真地聽著，再沒有半點懷疑。隨後，她問：

「他是自己來的嗎？」

「是呀。」

「可他還不會走路呀？」

卡娜：「那麼，他是自己爬出來的。」

安娜無意聽了卡娜的話，便指著她胸脯問：「這裡有洞嗎？他從這裡出來嗎？誰從奶媽嘴裡出來呢？」可是讓人沒有想到的是她突然打斷自己的話，說道：「不是，我知道是白鶴把他從天堂裡帶來的。」媽媽還沒反應過來，她就獨自去看火山圖片。只是談話後的當天晚上，安娜變得異常安靜，出乎意料的解釋顯然使她產生了更多的想法，而這些想法又必將透過一系列的問題表現出來。自己沒有涉及過的新世界擺在她面前，安娜一針見血地問到問題的關鍵：「孩子從哪裡出來呢？他是從胸口的洞或是嘴裡出來

的嗎？」我們遇到一些年紀小的女孩，她們可能支持孩子從腹壁的小孔或是剖腹取出來的說法。如果事實是那樣的話，她便被認為是無知的。而我們的理解實際上所涉及的，只是各種兒童的性活動，這種性活動是讓人有點難以接受，但不得不接受的。

人們也許不能理解胸脯有洞或孩子從嘴裡出來的觀點。為什麼她不選擇骨盆下面每日用來排泄的自然開口呢？安娜開始對開口及其排泄物很有興趣，並不聽媽媽的勸阻，執意那麼做，這是衛生和習俗不允許的。於是，她開始知道了身體這些特殊部分的作用。並且，既然是一個如此敏感的孩子，她也就很快知道了這些部位的禁忌與避諱。但孩子當時沒有意識到這些是情有可原的。

安娜因為知道這些知識而變得溫順，她盡量遵從習慣，認為這比較符合常規。就像錯誤的理論或許會被人們堅持很多年，直到人們醒悟，它才被推翻。因此榮格在他的《精神分裂症心理學》一書中曾指出：這些甚至連父親和教育工作者們都大加讚賞的錯誤理論，後來會成為精神病或精神狂想症主要症狀的決定因素便是順理成章了。因為，任何東西若在我們人腦中存在幾年，便將在人們的心靈中占據一定位置，儘管這些東西可能被其它看起來完全不同的東西所遮掩。

孩子到底是從哪裡來的問題還未解決，新的問題卻一直出現，孩子既然只能是媽媽生的，那麼奶媽呢？她也會生孩子嗎？但安娜顯然因為無法明白也不願再想：「不，我知道，是白鸛把孩子從天上帶來的！」沒有看到奶媽生孩子，卻看到奶媽擁有孩子，

這件事值得討論嗎？我們應該記得安娜曾扮過奶媽，並打算長大後當奶媽，因為她也想要自己有一個孩子，像奶媽那樣很容易就得到孩子。現在的問題是，她知道了弟弟是從媽媽肚子裡長出來的，接下來還有問題需要解決。

在安娜幼小而不安的心靈裡，她已經知道關於白鸛和天使的說法是不會被採納的，所以她放棄了這種沒有結果的問題。但是新的問題馬上又產生了：首先，孩子究竟是從哪裡來呢？其次，為什麼除了媽媽，其他人卻不會生小孩呢？兩個問題該如何跟一個四歲孩子解釋？幸好，這兩個問題現在暫時還沒被問到。

不料，第二天安娜突然莫名其妙地說：「我有一個哥哥，他住在澳洲，他有一座用特殊材料做成的房子，這房子非常堅固。」

這時的她不可能像過去那樣去尋求一種解釋，因為這種意識的牴觸太強烈了，而且安娜也不會像過去那樣滿足父母的解釋。而這種只屬於孩子的獨特宣布卻意味深長。

在每一個孩子的成長中會有很長一段時間，他們一直在編織著一個有關「大哥哥」的美好夢想。這個哥哥是一個超人，無所不知、無所不能，他去過所有他們不知道但嚮往的地方，能做被大人們所不允許做的事情，還擁有聖誕老人那樣多的東西。他們每個人都有自己的一個大哥哥，這個可愛而奇怪的源頭其實就是他們的爸爸——比起媽媽來，爸爸更像一個哥哥。孩子必須得有一個屬於自己的、有超能力的哥哥。這個哥哥很厲害，他住在危險的澳洲大陸或者某個遙遠地方的一座堅固的房子裡。

　　對於安娜來說，她這是給自己編造的一種最大的心靈滿足。心靈中擁有最堅固的房子，地震來了也不可怕，於是恐懼和擔心被排除了，在她幼小心靈中消失了。恐懼消失了，她也沒必要故意引別人的注意來關心她，相反，她變得很乖巧，所以只在睡覺前與父母互吻道晚安。這是幼小的安娜面對心靈衝突時，潛意識中所表現出來的一種自我調解。但父母似乎對她的改變還不太相信，所以故意在她面前談論火山地震，但她的平靜讓父母徹底地放心了 —— 這小女孩再也不會因為這些而感到害怕，更重要的是父母不必為她而憂心重重。這樣一來，她對科學的興趣就像當初突然產生那樣，又突然地消失了。

　　從此以後，安娜就忙著將自己新發現的東西告訴她的小小夥伴們。她滿懷興趣地告訴小小夥伴們，她弟弟坎伯特是怎樣從她媽媽的肚子裡長出來的，媽媽又是怎樣從她媽媽的肚子裡長出來的，以及奶媽又是怎樣從她們媽媽的肚子裡長出來的。當然，她的這些做法也只是為了消除自己對那些被她接受的東西的真實性的疑問，這是一種自覺但無法真正自我滿足的狀態，在她心靈的深處，仍然保留著對白鶴和天使的記憶，只是不像以前那樣想念和懷疑。她開始無意識的改變這些說法，她將自己的理論灌輸給她的唯一、忠實的聽眾 —— 她的玩具洋娃娃。

　　總之，她不再懷疑孩子從肚子裡長出來的理論。這樣，以前困擾她的恐懼也消失得無影無蹤了。

　　沒想到，接下來發生的事情險些使她的信念受到威脅。那天，爸爸生病了，躺在床上休息。安娜不知道爸爸生病，所以當她看到爸爸躺在床上時，臉上露出了怪異的神色，瞪著一雙大眼睛，站在離床很遠的地方一動不動，臉上滿是害臊與懷疑，不願意再靠近爸爸。好一陣子，她才突然怯生生的問了一句：「爸爸，你是肚子裡也長了寶寶才躺在床上的，對嗎？」

　　爸爸哈哈大笑道：「我的孩子，我只是生病休息，肚子裡長寶寶是女人的事情，比如你的媽媽才能生弟弟。」

　　聽了爸爸的話，安娜這才變得沒有剛才那樣憂慮了。但是，她表面雖然上很平靜，心裡卻還是有點疑問。

　　又過了幾天，安娜再次向大家宣布：「昨晚我夢見了諾亞方舟。」

　　爸爸笑著說：「哦，那你的諾亞方舟碰到女妖了嗎？」安娜顯然不願再說，只是胡亂說了幾句敷衍過去。（注意，千萬不要被她的敷衍所迷惑，這個時候，所有的大人都應該留神她的變化！）

　　只見幾分鐘後，安娜悄悄對奶奶說：「我昨晚夢見諾亞方舟，那裡有許多可愛的小動物。」

　　「是嗎？」

　　……安娜又沉默了。

可是，沒過多久，她忍不住又說：「我昨晚真的夢見了諾亞方舟，裡面有許多可愛的小動物。但是，方舟下面，有個蓋子打開了，所有小動物都掉進了海裡。」

噢！看哪，這孩子終於說出了自己藏在心靈深處的疑惑 —— 她果真有一個諾亞方舟，但開口（即蓋子）卻在下面，而不是在頂上。這是孩子給我們的一種暗示，表示她對大人前面說的孩子是從嘴裡或胸口出來的說法的反駁，她已經知道了孩子是從哪裡出來的 —— 是從下面。

在這以後，安娜似乎沒有再宣布過什麼重大的事情。她只做過一個夢：「我夢見和媽媽、爸爸一起在書房裡玩耍，很開心，我們一起待到很晚。」

人們或許會忽略這個夢，但是，我們可以從這個夢的角度分析出一個結論，實際上，孩子透露的一個訊息很明顯，即孩子們想和父母待在一起一直到很晚的願望。換句話說，這個夢是一個暗示，即晚上當父母單獨待在一起時，孩子們也可以和他們待在一起。地點是書房，做的事情是在那裡看很多有意思的書，以滿足她對知識的渴求，目的是為了在這裡尋求小弟弟從何而來這個重要問題的答案。

幾天後的一個晚上，安娜尖叫著從夢中驚醒，並大聲叫嚷：「地震啦！房子要倒塌了！」聞聲趕來的媽媽疼愛地摟著她，安慰說：「別怕，寶貝！沒發生地震，一切都很平靜，大家都在好好睡覺呢！」安娜卻突然說：「媽媽，春天快來了嗎？我想看小草是怎

麼長大的。還有,我想看著坎伯特,他的小臉真可愛。爸爸呢?他在幹什麼?他沒有說什麼嗎?」媽媽拍著安娜安慰說:「是的,我們都很好,爸爸在睡覺,他沒說過什麼。」安娜突然略帶嘲諷地冒出一句:「也許他又要生病了。」

這一句帶著挖苦語調的話又是什麼意思呢?其實,大家只要想一下上次爸爸病了,安娜懷疑他「肚子裡長了幼苗」就會明白,她現在的挖苦意味著:爸爸也許也會生出一個孩子來。但我們知道,這話是不可能成真的,因為爸爸不可能生孩子,只有媽媽才能生孩子,也許是媽媽明天生一個,可是從哪裡而來呢?既然這樣,那麼爸爸又能做什麼?

現在新的問題又出來了:既然爸爸不能生小孩,那麼他能起什麼作用呢?安娜很想弄明白這些問題,她想知道弟弟是怎樣來到世上的,還想看小草在春天是怎樣從地裡長出來的。原有的這些願望現在都隱藏在對地震的恐懼背後。可是,父母忽略了這一點。

經過媽媽的一番安慰,安娜終於很安穩地一直睡到天亮。第二天媽媽再問她昨晚的事情時,她已然全忘了,而只記得一個夢,一個奇特的夢:「我夢見自己變出了夏天,然後有人把一個奇形怪狀的木偶丟到廁所裡了。」

我們來分析一下這個奇怪的夢,它可以分為兩個部分,第一個是夏天,第二個是木偶。其實,第二部分是由於最近一個想要木偶娃娃的願望,她想像母親擁有弟弟那樣擁有一個男的木偶娃娃。這裡值得注意的是「男」的木偶娃娃 —— 她把弟弟比作木

偶娃娃。在夢裡，有人將木偶娃娃扔到廁所裡了，而我們平常只是把別的一些什麼東西扔在廁所裡。由此我們的推理結果是：孩子就像是解大便那樣生出來的。根據夢的解析，只要一個夢裡出現幾個情景，則每個情景都代表著某種複雜事物的結果的特殊變換，是一種潛意識對所存在問題的自行分析的結果。因此，第二部分只不過是第一部分主題的變換，這是毋庸置疑的。我們已經知道了「看到春天」、「看到小草長出來」在意識中的具體含義，而安娜現在夢到她「可以變出夏天」，那就是說，她有能力使小草長出來，也就是她自己也能造出一個小孩來 —— 像解大便那樣。現在，我們明白了利己欲望是其根源所在，而這種欲望在前天晚上與媽媽的談話中表現出來的，卻是一種近似無私的關切。

這件事好像已經風平浪靜了。隨後有一天，一個孕婦來安娜家拜訪，安娜似乎什麼也沒有注意到。但到了第二天，在和姊姊玩遊戲時，她把一個小枕頭塞在腹部的衣服裡面哈哈大笑。這種模仿不用說也可以十分明顯地表示那是什麼意思了。當天晚上，安娜又做了一個夢，夢到了一個大腹便便的女人。從某種意義上說，夢的主角是做夢者自己，這個理論也便論證了那個模仿的遊戲。

又過了幾天，安娜的一個遊戲讓媽媽更大為吃驚，安娜把她的一個洋娃娃放到自己的衣服下面，然後將洋娃娃的頭朝下慢慢地拉出來，還向別人表演示範說：「看好了，嬰兒正在出生。現在，他全部出來啦！」安娜這是在告訴別人：我認為，孩子就是這

樣出生的，對嗎？但這個遊戲確切的提示，正如我們後來要明確
知道的，這種想法仍需得到具體的驗證。

直到現在，安娜對於這個問題的思考仍未結束，這在以後的
時間內，她所產生的那些想法中可以更清晰地看出來。幾天後，
安娜又和她最喜歡的玩具娃娃重複著類似的遊戲。還有一天，她
指著百合對奶奶說：「奶奶，您看，這株百合就要生孩子啦！」看
到奶奶沒有明白她的暗示，她又指著肥碩的花朵說：「瞧！它都長
這麼胖了。」

有一次大家在吃蘋果時，安娜急切地搶著要了一個，並嚷道：
「快給我一個，我要把它吃到肚子裡，然後，我也可以得到一個
孩子。」

啊！讓我們做一些聯想，在孩子們的童話故事裡面，不是常
有一些沒有孩子的女人因偶爾吞食水果或一些別的東西而終於懷
了孕嗎？安娜這時候的行為在向我們透露：她想知道孩子是怎麼
進入母親的體內的，只是她這時候的想法比以前更細膩、更深入
了。這是兒童原始的思考方式的特徵，即用類比的方法來解決問
題。其實類比思維在成人身上也同樣經常表現，它處於緊挨著意
識下面的那個層次，透過夢便可以將它帶到意識層面上來。精神
分裂症便是具有這一特徵的典型。在許多國家的童話裡，我們都
可以看到這種類似幼稚的比較方式。

童話似乎只是童年的神話，因此孩子們透過它編造自己有關
性過程的神話。童話的深意並不依賴於一些古老的傳說而存在於

我們的無意識之中，有時我們成人也喜歡其透出的魅力。當那些已經遠去的時光中的某一片段再次闖入我們的生活時，我們有時並不需要真正意識到它，而只要那強烈的激情在心靈中有一些印跡，我們便可以體驗到那段曾經的激情帶給我們的奇妙而神祕的感動了。

現在還是存在這樣一個難題：孩子是如何進入母親肚裡的？在孩子們看來，嘴是使東西進入體內的唯一通道。因此，母親應該是用嘴吃了類似蘋果的東西後，肚子裡才長出小孩來的。假設這個理論是成立的，那曾經出現的另一問題又出現了：既然小孩是母親生的，那麼父親起什麼作用呢？

將兩個問題關聯起來，用一個問題去解釋另一個問題，這是人潛意識的心理系統處理有關聯問題時的慣用法則。而我們的安娜在未明白孩子到底是怎麼進入母親體內這個問題的時候，她便確信一點：父親肯定與這件事情有關，只是她還沒有明白父親在這件事情中到底扮演什麼角色。

父親做什麼呢？她一直思考這個問題，便覺得沒有什麼是值得她思考的，當然這個問題占據了安娜的整個心靈。直至那天早上，她跑進父親的臥室，趁父親剛起床穿衣服時跳上父親的床，趴在床上，雙腳使勁撲打床被，問道：「我知道了，爸爸是這樣做的嗎？」父母看了大笑起來，但當時並不知這意味著什麼。直到後來，他們才明白過來這種舉動的深意。

　　這之後事情有了很大的進展，但並沒有如我們所想的那樣進展順利，因為父母從那次以後再也找不到機會進行相應的觀察了。其實我們也不會奇怪問題的突然中斷。事情發展到了一個最困難的階段，這已經到了科學與道德觀念的交叉點了。在科學角度，由於兒童對成人的精子與卵子一無所知，因而她一直認為有一種可能，即母親必須得讓某些東西進入體內才有後面的事情。那麼，父親到底起什麼作用呢？安娜針對這個問題，經常拿奶媽或其他未婚的人做比較，這顯然有了一定的成效。她現在已經明確斷定爸爸在這件事上存在具有重要的作用。但爸爸究竟起什麼作用呢？

　　這種停滯持續了大約五個月。在這期間，安娜看起來與其他小孩沒什麼區別，並沒有出現任何的恐懼，或有什麼問題得到解決的任何跡象。我們還能說這種現象正常嗎？接下來發生的事情便有了一些徵兆。安娜全家當時住在鄉下一個臨近湖的村子裡，按照那裡的習慣，父母可以帶孩子去湖裡游泳。或許安娜由於害怕水深的緣故，一次爸爸想帶她到深一點的地方游泳，她當時就嚇得大叫起來。當晚睡覺時，她偷偷問母親：「媽媽，爸爸想淹死我嗎？」

　　一波未平，一波又起。她不讓花匠通過去花園的路，引起父母注意，直到最後他們才明白花匠和安娜開玩笑時，曾把她放在一個用來栽花的坑裡，結果安娜大哭起來，以為花匠要把她活埋了。

一天晚上，安娜又從惡夢中驚醒，傷心地對過來安慰的她媽媽說：「我夢到頭上駛過的一列火車掉下來壓到我了。我很害怕，媽媽。」

這幾件事情表明，安娜的問題再次出現了。和前一次一樣，恐懼出現的原因仍是對父母的愛受阻而大部分轉移為恐懼，但對象發生了改變。上次不信任的對象是母親，這次針對的是父親。因為此時安娜確信父親已經知道她的問題的答案，卻未向自己洩露絲毫，事實上也是如此。爸爸為什麼要對自己保守什麼祕密呢？還有爸爸究竟在做什麼？對一個孩子來說，得不到答案是多麼恐怖的事情，因此她明顯地懷疑爸爸可能幹什麼壞事，在孩子的心靈中，這便是針對她做的壞事。所以安娜得出一個顯得幼稚的結論：爸爸想淹死她。

在這段時間裡，安娜在成長，她對父親的敏感有一種莫可名狀的特殊色彩。現在已經無法用語言來表達活躍在安娜眼中的那種特殊而敏感的好奇心了。

接下來發生的事情也許並非出於偶然，孩子們開始了一種值得深思的遊戲。他們將家裡的地下室當作醫院，把兩個最大的玩具娃娃叫做「奶奶」，自己當成「醫生」，他們整天都在「醫院」裡面工作並且樂此不疲。這裡的「奶奶」自然而然地與前面提到的「大哥哥」關聯了起來，要麼「奶奶」可能代表著母親，但由於安娜對母親也存在偏見而無意識地決定用「奶奶」來替代她。

安娜對母親的不滿意緣於一次偶然，那天，花匠在花園裡挖了一片空地，在上面除草。安娜蹦蹦跳跳地主動幫忙幹活，她自己顯然也沒有意識到自己的這種舉動會產生什麼樣的影響。大約兩週後，雨後的小草破土而出，安娜發現後，驚喜地跑去問母親：「媽媽，小草的眼睛怎麼長到頭頂上了？」

媽媽隨便地說：「我也不知道。」

可是安娜繼續問：「那麼，上帝或者爸爸會知道嗎？為什麼上帝和爸爸什麼都知道？」

母親只好說：「那好吧，你去問一下爸爸，他也許會告訴你小草的眼睛是怎麼長到腦袋上的。」

安娜當時並沒有去問爸爸，媽媽也認為她不過是一時興起，但是，沒想到幾天後的一次晚餐時，安娜突然湊到父親面前問：「爸爸，你能告訴我，小草的眼睛是怎麼長到腦袋上的嗎？」

父親被問得莫名其妙，便笑著說：「它們生來就這樣，從一開始就在腦袋上，是和小草一塊生長的。」

安娜天真地問：「難道眼睛不是我們種在那裡的嗎？」

「當然不是，它們就像鼻子一樣，本來就是長在腦袋上的。」

「那嘴巴和耳朵也是這樣長的嗎？還有頭髮呢？」

「一點都沒錯，它們都是這樣長的。」

「頭髮也是嗎？可是小老鼠剛生出來的時候，身上是光禿禿的呀！頭髮原來是在那兒嗎？它們也是靠種種子長出來的，那些小顆粒早就在皮膚裡了，沒有人把它們種在那裡的。」

父親發現自己陷入了困境。他雖然知道安娜在錯誤的應用碰巧從自然中撿來的種子理論的目的，但他並不想挑明。可是由於安娜說話帶著少有的認真勁兒，使人不得不予以重視。

安娜對父親的沉默顯然很失望，聲音裡流露出了不高興：「那坎伯特是怎麼進到媽媽的肚子裡的呢？又是誰把你放到你媽媽的肚子裡的呢？寶寶到底是從哪兒出來的呢？」

在這一連串的問題中，最後一個問題才是關鍵，父親也只選擇最後一個問題作答：「嗯，安娜，你想想看，坎伯特是個男孩，男孩會長成男子漢，女孩則長成婦女，而你也知道，只有婦女才能生孩子。現在，你再想想坎伯特會從哪裡出來呢？」

安娜高興地笑了起來，指著自己的陰道說：「我知道了，他是從這裡出來的！」

父親點點頭說：「很正確，現在你不用再為這個問題而煩惱了吧？」

安娜並沒有就此打住，她繼續這個令父親難堪的話題：「可是坎伯特是怎麼進到媽媽肚子裡的呢？是有人把他種到裡面的嗎？可這種子是誰種的呢？」

問題已經很明確了，父親再也不能迴避，於是他對安娜進行了認真的解釋，安娜也聽得非常專心。父親告訴她：「你媽媽就像

土壤，而爸爸則像園丁。是爸爸將種子種在你媽媽身體裡，然後長成小弟弟的。」安娜恍然大悟，她立刻去找媽媽，並自豪地對媽媽說：「爸爸都告訴我了，我什麼都知道了。」可她究竟知道了什麼，她從沒告訴過別人。

第二天，安娜又跑去高興地對母親說：「媽媽，爸爸說，坎伯特是個小天使，他是白鶴從天上帶下來的。」母親聽了自然感到很驚訝，她對安娜說：「我敢肯定，你爸爸對你說的絕對不是這個。」可是，這小傢伙什麼也不再說，只是一邊笑一邊跳著跑開了。

瞧！這就是小安娜孩子氣的報復。她發現，母親很明顯不會也不可能回答「眼睛是怎樣長到腦袋上」的問題，更不可能回答坎伯特是怎樣長到肚子裡的問題。當初，安娜對此一無所知，所以她很容易就被白鶴的古老傳說所吸引，甚至，很可能還會相信那是真的。可是她最終明白那是一個騙局，所以給了母親孩子氣的報復。

事情發展到這裡，還算是比較圓滿，安娜的好奇得到滿足，她已經獲得許多新知識，難題也解決了。但最大的益處還是她贏得了一種和父親之間更親密的關係，而這種關係絲毫不會影響她在辨別力上的獨立性。父親可就沒有那麼好的感覺了，他有一種不舒服的感覺，因為他將所有父母們嚴加保守的祕密告訴了一個四歲半的孩子，他不認為這是件好事，甚至感覺很不妥。他顧慮的是：也許安娜會根據她所知道的種子理論做出什麼事來。如果她不謹慎地將這些知識胡亂運用一氣，那將多可怕！她也許會去

和她的小小夥伴們一起去做這種能摧殘兒童的可怕遊戲。但這種顧慮很快就被事實證明是毫無根據，並且是多餘的。

在這之後，安娜從來沒有再提及這方面的事，也沒有提出其他稀奇古怪的問題。但是，我們知道無意識有時候仍使我們思考一些問題。安娜也在無意識的支配下，仍思考著嬰兒出生的奧祕。在解脫幾週後，安娜又做了這樣一個夢：「我看見幾個花匠正在花園裡對著樹小便，爸爸也是。」

這又讓我們想起當初安娜懸而未決的問題：父親做什麼呢？

恰好，一個工匠到家裡來給窗戶安裝玻璃，安娜也跟著在旁邊看他幹活。當天晚上，她夢到這個工匠用玻璃刀將她的陰道「劃開了」。

這個夢告訴我們，安娜在無意識支配下問自己：我真會被那樣嗎？如果真是那樣的話，就得有人來做工匠所做的那種事嗎？這樣的假設進一步告訴我們，這個問題當時在她的潛意識中特別活躍。因為關於這個問題，她仍有些東西並沒有完全弄清楚。下面發生的事證明了這一點，畢竟一個小孩子不可能完全科學地理解性與孩子的關係。那是一個月後，安娜突然做了一個這樣的夢：「我夢見叔叔和嬸嬸兩人都躺在床上，我把叔叔的睡衣揭開，並躺在他身上撞來撞去。」

這個夢完全出乎我們意料之外。孩子們當時正在度暑假，父親也因為一些工作留在鎮上。那天父親剛好來看望孩子們，安娜對父親表現得異常依戀。父親開玩笑說：「我的安娜，今晚你願意

和我一塊到鎮上去嗎？」安娜雀躍著回答道：「當然願意，我要和你睡在一塊兒！」她就那樣一直親密地吊著父親的手臂，就像母親有時做的那樣。

後來，她終於跟父親講了她所做的夢。原來，做這個夢的前幾天她就曾去嬸嬸家做客。安娜一直盼望著能親自去看看，她很希望遇見兩個小表弟，她對他們的興趣很明顯是那樣令她激動的，可是去的時候兩個小表弟不在家，安娜不由得失望極了。她突然記起那個夢，似乎她現在的處境與夢的內容有著很大關聯。而夢給我們的提示是，這與她和父親的談話之間的關聯是顯而易見的。其實她的叔叔是一個很傳統固執的紳士，孩子們只見過他很少的幾次。在她的夢裡，他顯然是父親在她意識中的替身。

而在夢中透過她上了父親的床而使她在叔叔那裡的失望獲得了補償。這裡有地方與夢的內容一致，因此，她便立刻想起了夢。這個夢很明顯地提示了安娜經常在父親的空床上所做的擺來晃去和用腳踢打被褥的遊戲的真正原因。由這個遊戲引出了這樣的問題：「父親也是這樣做的嗎？」而父親在回答安娜提出的「要和你睡在一塊兒」時說：「你可以自己睡在隔壁。」安娜顯然很失望。因此她便再次回憶起了那個夢，這個夢曾對她因表弟不在的失望起過安撫和補償作用，這是一種補償心理。同時，這個夢也說明了一個問題的本質，即「它」是發生在床上，而且是透過擺來晃去和用腳踢被褥的遊戲中提到的有節奏的運動完成的。

以上內容便是我們到目前為止所做的全部觀察與分析。

　　安娜現在已經五歲多了，她已經知道了許多重要的有關性的知識。這些知識，對她一生的道德品質有何影響，這點我們不能枉下結論，只能繼續觀察才能得知，至於它所起的作用，我們在前面已經說過了。

　　我們不想發表對小學生進行性教育理論和任何機械的標準解釋，也不想提供任何千篇一律的所謂有效建議，而只能從這裡所記錄的真實材料得出一個結論：我們應該從兒童的角度看待兒童，而不是像我們希望他們那樣來看待他們。最後，我們要遵循事物發展的自然規律，而不是憑我們的經驗或別人的經驗走教條主義的道路。

（二）性格是人際關係的基礎

　　我們都知道，正常的人際關係是個性心理健康發展的必要條件。榮格覺得，只有在人際關係正常的條件下，無意識內容的反映形象才會出現；也只有在出現了無意識內容的反映形象時，人格的完全作用才有可能實現。可見，人際關係對個性的形成及對個性化過程都是至關重要的。

　　曾經有一位詩人寫了一首標題為「生活」的詩，詩句只有一個詞：「網」。這個詞的含義是非常豐富、形象的，令人產生無限聯想和想像。人的生存可能就是這個網上的一個結，只有把自己結在這個網上，才能夠生活；生活就是一種網，也就是說人際關際是一張網。

在人際關係中，你既要保持自己的個性尊嚴，又要與別人經常聯繫；既要在精神上保持獨立，又要在現實中發展各種友誼。這便要你充分運用個性，運用各種人際關係手段，獲得更多成功機會。

個體透過與他人交往建立了人際關係，但這關係是變化的，它會隨著他人的意願與社會關係的變化而發生改變。人際關係的發展並非完全依賴於相互的喜惡，只要交往雙方能在某些方面達成一種平衡或和諧，他們之間的人際關係也會得以產生並得到加強。

談到人際關係，我們有必要談談友誼。按照榮格的人格類型理論，外向型的人比較喜歡社交，他們注意的是別人的感受，容易贏得別人的友誼，而內向的人比較關注自己的內心精神世界，與人交往不主動，故不易贏得別人的友誼。

榮格的這個觀點一提出，便引起了許多學者的爭議。有人研究發現，心理類型相同的人比較容易成為朋友；有人則透過研究發現，內向的人表面看來不喜歡社交，但他們也擁有自己的朋友群體，也願意保持友誼；還有人研究表明，無論是內向還是外向，人與人之間交往並產生的友誼，更多的時候受環境、心境等內在和外在因素的影響與制約。

其實榮格大師提出的一些觀點並不被別人接受，比如有關友誼他還曾提出，某一種態度類型的人往往不喜歡具有相反態度類型的人。這一觀點就引來了許多人的批評與反對，其中以泰勒為

首的一批心理學家提出反對意見，同一態度類型和不同態度的人之間同樣可以建立友誼。毫無疑問，我們身邊就可以發現很多這樣類型的人。由此可見，榮格的學說也有許多不完善的地方。

　　研究榮格的人格學說不難看出他很注重個性化，而人際交往又被他稱作提高個性化的最有效方法。他的觀點是：真正健康的人際關係有助於個性化的完成；反之，一個依賴性很強的人是期望別人補償自己的缺陷，這麼做勢必阻礙個性化的實現。

　　總而言之，榮格一直以為，良好的人際關係有助於個性實現獨立人格，消除相互間的依賴，從而形成良好的個性。所以我們也可以說，一個心理健康的人必然是一名具有良好人際關係的人。

　　我們可以透過社交活動結識新的朋友，擴大朋友的圈子；也可以與朋友重溫舊情，使友誼更加牢固；借助社交活動，我們還可以加強與社會上不同職業、不同層次、不同背景的人士之間的聯繫和了解，感覺到我們是生活在一個充滿智慧、充滿理解、充滿溫馨的社會大家庭之中，這也是我們能夠恢復人與人之間正常聯繫的橋梁，可以說，社會對每個人來說都意味著一種群體的溫暖與回歸，它是我們生活中極為重要的一部分。

（三）神童的培養

　　在論述榮格的神童人格觀點之前，我們先看一看下面幾段關於榮格自傳中的內容，或許它可以說明一些問題。

　　我第一次訪問美國時，看到鐵路和公路交叉處沒有設置路標，鐵路沿線也沒有護欄。這樣，在一些偏遠的地方，鐵道充當作了小道的作用。要知道，在這種情況下，沒有路標和護欄，車輛和行人都是十分危險的。對此，我感到無比驚奇。但那裡的人們笑著說：「只有傻瓜才不知道火車以每小時六十至一百英里的速度行駛，那就沒必要設置防護設施。」更使我感到驚奇的是，在這裡沒有哪些事是「禁止做」的。相反，人們只知道「不被允許」做某事，或是被禮貌地請求：「請不要那樣做。」

　　透過對類似事件的了解，我發現美國市民在生活中處處依靠智慧，並期待所有人能與智慧產生共鳴。然而在歐洲，市民在生活中只是不斷製造愚蠢。美國人渴望智慧，並鼓勵創造智慧，而歐洲人關注是否有傻瓜跟上來。還有，歐洲人將惡意視為平常，並且總有許多不人道的禁例，美國人卻非常重視人們的人道意願。

　　這使我不由想起，我在學生時代所見到的一些帶有歐洲式偏見的老師。那時，我還是一名十二歲的學生，腦子很靈活，學習態度也很端正。但老師是關心那些不如我的學生，這讓我想不明白。有一次，在做語文練習時，我正在專心致志地做功課，而那位溫和的語文老師卻要我幫他去圖書館借書。我對此很生氣，但又不敢違抗命令，於是盡可能選擇離圖書館較遠的路走，而且是慢慢地走。

　　還有一次，老師一反常態地沒有給我安排乏味的論文，而是一個我很喜歡的題目。於是，我開始查閱很多資料，發揮所有潛

能去寫那篇文章，盡量讓每一個句子變得完美。把它交上去後，便滿心歡喜地等待好的分數和老師的表揚。老師在講評作文的時候，一般都先拿最好的做示範，但這次所有文章都評論完之後才輪到我，而老師似乎還不想過多評論，只說了這樣的話：「榮格的作文是寫得最好的。但他寫得很輕鬆，沒有遇到任何麻煩，因而不應該受到表揚。」

「不對」，我據理力爭，「我從來沒有像寫這篇作文這麼認真過，所以這對我不公平。」

「胡說，」他吼道，「你沒看到史密斯（寫得最差的學生）嗎，他才是寫得最努力的一個。我敢斷言，他以後會取得成就，而你絕對不會成功，因為你終生都擺脫不了聰明對你的欺騙。」我無心再去辯解，從此便在德語上不下一點兒工夫。

事情過去二十幾年了，有些事已經發生了很大的變化。只是當時這件事占據了我的整個思想，給我留下一種苦澀的經歷。但隨著時間的推移和思想的變化，這種感情已被理解代替。我現在終於明白了，老師的做法是建立在「扶弱」的高尚原則之上的。但是，這種觀念在現實中往往經不起推敲。人們是扶弱抑強，往往將天分高的兒童置於弱勢地位，不相信其智力所能達到的地方。我過於聰明 —— 這就是他對我極不信任的理由。

榮格向我們講述的真實故事並不是一個特殊的例子，類似的經歷在許多人身上都曾發生過。扶助智力缺陷的兒童是一項符合道德準則的事情，但天資聰穎的學生面臨的問題也不能忽視。當

我們在大發慈悲的時候，也不要忘了關注這些天才兒童。但一直到現在，這件事情也沒有取得太大的進展。

不久前，我又碰到這樣一件怪事：一個本來被公認為聰明乖巧的小女孩，突然變成了壞學生。女孩的父母對此感到十分震驚。與孩子談過後才知道事實的真相，她的父母對此覺得非常可笑。最終得出的結論是：孩子們被人像傻子一樣對待，被人為的弄成壞學生。後來，父母為了這件事專程去拜訪校長，結果發現孩子的老師以前是特殊教育學校的優秀老師，受過很正規的教育殘疾兒童的訓練。顯然，這個老師並不適應教育正常兒童。幸好這種錯誤被及時發現，於是把這個孩子交給另一位正常的老師輔導。在這位老師的指導下，小女孩很快又變得聰明乖巧了。

在眾多兒童中發現一個神童是很困難的，因為神童並不是老師心目中的那個好學生。單從這些表現上看，人們的確很難將神童與精神不健全的兒童區分開來。這真是一件令人懊惱的事。

我們應該明白，每個神童看上去都是早熟的；但有些神童發育得相當緩慢，往往在很長一段潛伏期過後，他的突出才能才表現出來。正因為如此，他的才華很難被別人發現。還有一點很無奈，老師常常對學生的期望過高，幻想學生們個個都有極高的才能，學生一旦達不到這個標準，就會被認為是庸才，一無是處。這樣，即使真的存在一些天才，也不會被發現。

判斷神童的方法之一，是在學校和家庭相互配合的前提下，對兒童個性全面仔細的進行觀察。它能使我們區別什麼是主要傾

向，什麼是從屬反映。這在兒童身上往往表現出一種對外界影響的防禦性，懶惰地對待身邊的事物以及做白日夢，使內心的想像過程免受干擾。但這些表象也不能作為判斷的依據，因為某些精神官能症以及精神病兒童也同樣具有明顯的、不著邊際的幻想和特殊的興趣。其依據應該是這些東西特有的性質，只有這樣才能將天才的幻想和蠢才的幻覺區分開來。

對此判斷的最佳標準，是幻想體系的一系列特性及其實現的潛在可能性；另一個判斷標準，是兒童興趣的性質與方向。作為一名教育者，學習並掌握一定的心理學知識對判斷的正確性有很大幫助。

人們普遍這樣認為，邏輯抽象思維能力在數學上表現得很充分。學習數學是訓練邏輯性思維的最佳方法。儘管所有的哲學和科學都在使用邏輯與理解力，但數學天賦代表其他所有天賦。正如一個人可以有音樂天賦而不具備理解力，同理，一個白痴也可能表現出驚人的計算才能。數學上的直覺與音樂上的直覺性質不一樣，都無法透過學習來獲得，因為它是一種特殊的才能，比如天賦。

除智力的天賦外，還存在著心靈的天賦。但是，由於頭腦往往不夠靈活，具備心靈天賦的人容易被人們忽視。其實，與具備其他天賦的人相比，這類人對社會的貢獻更大，也顯得更有價值。但具有極高天賦的心靈感覺存在兩面性，這種情況在女性身上體現得比較明顯。為了給人造成具有特殊才能的印象，她們能

夠很乖巧地使自己符合老師的要求，並表現出有非凡成就的跡象，可是一旦個人的行為停止，天賦便隨之消失。它就像著火的乾草一樣，燃燒快，熄滅也快，事後只留下一縷縷白煙。

現在討論一下如何才能更好的對神童進行教育。對神童進行教育，教育工作者需要具備很高的智商、完善的心理、優秀的道德品格以及極高的藝術才能等能力。但實際上老師很難達到這一水準。也就是說，教師要想公平對待天才學生的天賦，除非他自己就是某種天才。那麼，教育天才的問題應該怎樣解決呢？

由於缺乏合適的教育工作者，我們應該想想別的辦法。值得欣慰的是，許多天才似乎有一種自我保護能力。一個具有天賦的兒童越接近天才，其創造能力就越能超出同齡人。對兒童的創造力進行保護似乎比對其進行引導和訓練更有必要。有人說：偉大的天才是人類之樹上最美好，而又常常是最危險的果實，他們往往懸掛在弱小的樹枝上，隨時都有被折斷的危險。這無疑是對天才的最好詮釋。

在現實社會中，人們認為一個具有創造力的人的成長過程是以犧牲人類稟性為代價的。於是，天才與人們的特質發生矛盾時，人們會產生這樣的想法：是否少一點天賦會更好一點呢？實際上，天賦並不具備絕對的價值。換句話說，只有當天賦使人格的其餘部分得以正常發展時，天賦才具有真正的價值。這裡涉及到道德的問題，因為創造力同樣需要限定運用範圍，同時也取決

於道德上的人格。一個人如果缺乏這種人格，那麼他的天賦就是一種需要限制或者被取代的東西。

　　有人認為，用分班教育方法對天才進行教育是十分有效的。這種方法在短時間內的確很有益，但為了讓天才能夠獲得長遠發展，我們必須將眼光放長遠一些。現實中存在著這樣一個不可忽略的事實：那些具有天賦的學生，並不能在其他所有方面與其他所謂不是天才的同學同樣具有優勢，比如在感情與心理等方面。如果真的把那些天才學生隔離在一個特殊班級中，神童就很可能產生片面發展的危險。因為儘管神童對他所擅長的那些功課感到遊刃有餘，但他無法在其它方面獲得很好的成績。如果能與那些一般的學生在一起學習，那些普通課程的內容或許能彌補他在其他方面的不足，這就能產生一種極為有用而又極其必要的影響。這種影響對神童的自高自大的心理缺陷有著一種彌補作用，不至於使他們偏離正常的軌道。當然，這種情況也有利有弊，這就要求教育者應因人而異地執行有效的教育方法。

　　最好的方法是將天才兒童與其他兒童安排在一起進行正常教育，不能把天才兒童安排在特殊班級裡以突出其特殊地位。因為只有將他們正常化，學校才能為所有兒童提供一個適應將來世界的平等的鍛鍊空間。我們必須明白，偶爾存在的衝突並不是一種災難，只有當衝突長期存在，或者兒童本人敏感，又不能從教師那裡得到正確解決時，這種矛盾才是事關兒童健康成長的。

　　當問題的癥結確定與老師有關時，這種誤解往往還會帶來有利的結果。但這並不能成為一種一成不變的規則，因為在許多情況下，老師不得不因孩子在家庭教育中被認可或贊成的墮落而苦惱。實際上，這種苦惱十分普遍，因為那些不能實現自己曾經的理想的父母，往往把這種理想轉移到天才兒童的身上，問題於是出現了。這些孩子或是被嬌生慣養，或是被草率地製造成一件值得炫耀的「展覽品」，這對天才兒童的成長是極為有害的。從這一方面講，不論是父母還是教育者，都不應讓天才兒童在特殊環境中成長，而應讓其置身於正常的環境中，與其他孩子一起健康成長。

　　天才人物一般都會經歷一個「討厭一切」的成長階段。這是由天才的天性中某種獨斷和難以控制的東西決定的。有一種所謂「被誤解了的天才」是很值得懷疑的。「往往，那些是尋求一種對自身的安慰性解釋的人，結果都是一些廢物」。天才是極其罕見的，但天賦是與生俱來的。天才的才能五花八門，但仍有一種統計學上的規律性，並不是有一種推動力與人相配合，由此而引起的個體分化對於教育者來說值得重視。因為一個分化的人格，或是一個能夠分化的人格對社會具有很大的價值。教育者的任務，就是合理地引導這些人格分化的天才兒童步入正軌，使他們朝著正確的方向分化自己的人格。

　　「水靜則深」，正如表面平靜而底部充滿激流的河流一樣，神童的心靈深處充滿了激情。這種激情是他之所以成為天才的根

源，同時也潛藏著危機。它的危險不僅在於對常規的偏離 —— 暫且不論這種偏離看起來多麼有利，而更在於那種預示著可怕衝突的內在傾向。所以，與隔離在特殊班級裡不同的是，個人的興趣和老師的關照都將有利於這種激情的疏導，從而更有利於他們的成長。有人建議將精神病專家請入學校，作為學校方面的指導。但我們認為教育者對學生的理解才是最重要的。當我們回頭評價那些做出傑出貢獻的教育者時，我們更感激那些曾經觸動我們感情的辛勤的園丁，對他們做出多高的評價都不為過。課程是學生必需的原材料，但老師的溫暖對於成長中的兒童來說更為重要。

當然，這並不是說要忽視其他學生。對於那些有才智及天性敏感的兒童，學校應對他們的這些優勢積極地進行引導和開發。課程的設置不應遠離人文科學而成為太過專業化的東西。教育者應該努力成為，為孩子們指明他所適應的那條通往成功之路的人，而不能成為武斷的指揮家或紙上談兵的人物。有一點也很重要，那就是充分尊重歷史，因為任何具有深厚基礎的文化，都必須在最廣泛的意義上尊重歷史。

注意現實的有用的東西固然重要，但為了未來而回顧過去也同樣不可或缺。文化意味著延伸和發展，對神童來說，對其進行歷史的教育是最基本的。「就像發育中的胚胎從某種意義上揭示了一個種族發生的歷史一樣，兒童的心理便全面地詮釋了尼采所說的『人類早期的功課』。兒童生活在前理性的狀態中，尤其生活在一種前科學的世界中，即一種人類祖先所生活的世界中。我

們的根基便在那個世界裡，每個人 —— 包括大人和兒童都是從這些根基上成長起來的。成熟使人脫離根基，而不成熟使人依賴於根基。」有關宇宙起源的知識，使兒童有可能在那些已經逝去和被遺棄了的過去世界，和尚未被認知的未來世界之間的橋梁上探求真知。

我們如何才能把握未來、同化未來呢？這一基礎就是人類過去所留下的寶貴經驗。如果這種寶貴經驗被剝奪了，我們，特別是年輕的一代，勢必會喪失成長的根基和遠見，對未來將發生的事情毫無防備。一個不注重歷史知識，割斷與過去（包括歷史和經歷）關聯的人，只能處在一種屈服於所有新生事物所產生的迷茫和欺騙的危險之中。我們在現實中不難看到這樣的人 —— 將嬰兒與洗澡水一起倒掉，這便是他們面對新生事物時的悲哀。

總之，天才是自然本身挑選出來擔負重任的，是領先者。所以，每一個有責任心的父母和教育者，都應加倍重視對那些天才兒童的正確培養和教育。

（四）教育的終極目標

當今社會，「人格培養」已成為一種終極的教育理想和追求。這種理想和追求當然不包括機器時代標準化的「正常人」，這種人雖然是這個時代大量需要的，卻永遠也無法追求人格的發展與充實。說得誇張一些，當今世紀堪稱「兒童的世紀」。人們都不會否

認或低估對兒童進行早期教育的重要性，但我們往往看到，由於家庭或學校的拙劣培養，對兒童的一生所造成的嚴重危害。

所以，在追求「人格培養」的今天，我們極為迫切地需要一種合理的教育方法。要想根除目前這種愚蠢而偏執的教育方法，我們首先要弄明白這樣一個問題：這種教育方法是如何被全世界所普遍採用的，為什麼它至今仍在使用？有一點是很明顯的，那就是我們的教育人員的專業水準太高了，從而運用了專業化而缺少人性的教育方法，只是盲目地模仿別人和照搬那些「老掉牙」的教條。想要成為教育者的任何人，自己必須受過良好的教育，但那種鸚鵡學舌般僵死的書本教育方式，以及機械地搬用別人的方法等，不論是對兒童還是對教育者本人來說，都不能算是一種教育，反而是一種僵硬的思維損害。以這種思維損害的方式去說教孩子，又怎能培養出崇高自由人格的下一代呢？

人們還一直贊同和迷信對兒童的人格進行訓練這種說法。但有一個令人難堪的問題出現了：誰來對兒童的人格進行訓練呢？父母是孩子的第一任老師，是最先和最重要的訓練者，但他們本身大多尚未成熟，而且一生都是如此。這樣的話，怎能把訓練孩子這等大事寄託於這些人格尚未成熟的父母呢？

那麼，又有誰能把「人格」的思想灌輸給孩子呢？別無選擇，我們只好把希望寄託在教師以及受過訓練的專業人士身上。但這些人受過的教育到底都是一些什麼東西？他們真正具有教育的人格嗎？問題雖然太多，也很尖銳，似乎是我們在自尋煩惱，或者

要求過於苛刻了，但誰敢否認這些問題都是無的放矢、無稽之談呢？他們受過的是與受他們訓練的兒童一樣的有缺陷的教育，所以，接受他們的教育的兒童一樣沒有「人格」。我們整體教育存在的最大問題是對教育的片面性，而教育工作者自身受過片面教育的問題又同樣片面地被忽略了。每個受過完全教育的人，都認為自己已經接受了完全教育，應該有成熟的「人格」。當然，他們也應該有這種感受。這說明他們對自己的能力有堅定的信心，任何懷疑都會妨礙和傷害到他們，從而削弱他們固有的能力與信心，使他們的職業生活受到挫折。我們都希望在工作中能做得很出色，而不是對自己的能力表示懷疑。也正是這種堅定的信心妨礙了教育者思想的轉變，他們會說：「我們做得很好，孩子們也都在健康成長。」但事實並非如此。

教育者的狀況的確並不理想，卻是我們現有條件下最好的狀況。這是一個令人尷尬的事實。所以，我們不能對教育者抱有比家長們更大的期望。他們能將本職工作做得很出色，就已經對兒童的成長做出很大貢獻了。畢竟，他們也像父母撫養孩子一樣盡了自己最大的努力。

實際上，人格教育的目的並不單單是為了兒童，因為人格通常是指一個在所有方面都具有抵抗能力並充滿能量的精神整體 —— 一個理想的「成人模式」。只有像我們這樣的自欺欺人的成年人，在沒有意識到自己生活中的某些缺陷，或我們有意迴避這些缺陷時，我們才把這種理想的模式強加到自己身上，以成人

自居，進而去要求兒童。我們有理由懷疑當今的教育學和心理學對兒童的熱情，就是出於這樣一種隱蔽的目的。我們以成人的眼光和角度去研究和談論兒童，鼓吹兒童成長為成人式的兒童，因為在我們每個成人身上都潛伏著一種兒童模式 —— 一個正處於形成之中但永遠不會定型的兒童形象。

它不斷要求我們對兒童們予以照顧、關心和教育，卻永遠無法讓他們達到我們心中的理想的兒童模式。這就是人類人格中要求發展和完善的那一部分。但當今人類的人格離這種完善差距太遠，以致人們模糊地懷疑自己是否存在某些人格缺陷，這才盲目地開始研究起兒童的教育，並且狂熱地獻身到兒童的心理學中。人們又開始自信地認為，自己童年和成長階段肯定出現過差錯，而這種差錯經過自己的努力可以在下一代的成長中避免。這便是心理學的初衷。對於這種想法，我們應該持肯定的態度，但還存在一個問題：我們自己仍在犯這樣那樣的錯誤，又怎能去糾正存在於兒童身上的錯誤呢？或許我們會將自己的說教強加給孩子，但他們可能並沒有成人們自認為的那麼笨，我們也沒有自己想像的那樣聰明，或許他們對真假是非的判斷比我們更準確。漢斯·安徒生的那個令人啼笑皆非的「國王的新衣」的故事，就是我們成人自打耳光的最好啟示。

人格就像一粒種子，只有透過漫長而豐富的經歷才能生根、發芽與茁壯成長。一切人格都具有一定的確定性、整體性和成熟性。但這三個特徵只適用於成人，在兒童身上卻不適應。否則，

只會使兒童喪失純真，不經歷發展階段而直接進入成熟階段。這就是「小大人」出現的原因。然而，這種誰都不願看到的現象已在教育過程中出現了，特別是父母和教育者把為了孩子而讓自己「盡最大努力」以及「只為孩子活著」作為教育的唯一任務時，這種情況就更加嚴重。這種急於求成的想法，使父母的思想和行為受到了極大的限制，使他們不能按孩子的自身發展規律去教育孩子。他們反覆地向孩子們灌輸自認為是「最好的東西」，而這些所謂「最好的東西」，恰恰是他們自己以前曾經忽視而無法實現的東西。孩子們在這種方式的驅使下，無意識地去完成父母未完成的意願，他們的身上被強加一種無法完成，但又不得不去做的願望，這樣勢必使畸形兒誕生，事實也確實如此。

實現人格的完全優化，是人類永遠也無法達成的理想。但這並不意味著這一理想不存在或不應該存在，因為理想並不是征途上的終點，而僅僅是征途上的路標。

正如我們教育兒童之前得先允許他們發育一樣，人格在受教育和培養之前，也必須先讓其自身和諧發展。這是十分危險卻又必須去做的，我們不可能完全把握它的自身發展方向，因為這是難以預言的。人性中存在著太多的矛盾和鬥爭，我們讚美「母性的神聖」，卻無法拒絕人類中的惡人、危險的殺人犯。讓其自身發展就存在這樣的危險。沒有人能斷言，人格的發展取決於有效的勸導或是有害的誘惑，但有一點可以肯定，人類的天性就像因果的必然性。沒有必然性便沒有發展的動力。發展中的人不會順從

任何主觀意願和命令，只順從無情的必然性。這也是我們只能讓人格在受教育之前必須先讓其自身發展的原因。

我們對人格進行了龐雜而細膩的論述，卻無法給出一個明確的結論，這似乎不是我們的初衷，但我們只能盡這些努力。我們也奉勸試圖給出答案的人，人格培養是沒有終點的征途，我們所能做的只能是給出幾個明確的路標，後面的路途只能讓每個人自己去走。

（五）兒童心理障礙

榮格認為，兒童的心理障礙主要表現為如下五個方面 ——

精神病兒童

在精神錯亂的情況中，這種紊亂既可能是先天的，也可能是由創傷或疾病導致大腦部分器質性損傷而引起的。這樣的疾病沒有治癒的可能性。這類兒童偶爾會犯罪，並在心靈中埋下習慣性犯罪的種子，以後便會不自覺地習慣性犯罪。

我們必須區別這類兒童和上面的心理發展受阻的兒童，即病態自戀型兒童。

這類兒童通常表現出強烈的利己主義傾向和早熟的性活動，除此之外，他們還愛撒謊，幾乎完全沒有人的基本感情和愛心。分析這類兒童，不難發現，他們幾乎是一些非法所生或被抱養的兒童，從來沒有得到過親生父母的溫暖和愛撫，並且根本缺乏一

些父母在精神上所給予的培養、關懷，特別是母愛。這樣缺乏母愛的兒童，尤其是私生子，是處於精神的危機之中。但也有許多兒童能適應其養父母，只是這樣的情況並不多。這種危機在道德領域裡比比皆是。而那些不能適應養父母的兒童則為了得到實際並未得到父母本應給予的愛，在無意識目的下形成一種極端的自我中心和強烈的利己主義觀念。有這樣一個例子：一個男孩，五歲的時候對他四歲的妹妹進行性侵害，九歲時幻想殺死父親。後來他被診斷為具有不可治的悖德狂，但在十八歲時卻令人驚奇地變得很正常。這個事例說明，如果具有這種行為的人的智慧沒有受到傷害，而且不具有反社會動機的話，那麼這些病人可以透過自我思考而放棄他們的犯罪傾向。然而，人們觀察發現，理智抵制這種病態的力量卻極其微弱。也就是說，理智仍不能完全克服病症，仍需借助外力，只是效果還不能很保障，畢竟，這是因人而異的。

癲癇病兒童

這種病例存在很多，是一種常見的兒童病症。真正的癲癇病發作是很容易看出來的，但被稱作「輕度癲癇」的卻是一種極其模糊和複雜的狀態，單靠表面很難診斷出來。它並沒有明顯的發作症狀，只有非常特殊而且很難辨認的意識轉換，所以幾乎判斷不出來。不過，這種意識轉換在發展成嚴重的癲癇病精神錯亂的過程中，會出現惱怒、凶殘、貪婪和不勝其煩的傷感、對正義的病

態狂熱、利己主義以及狹窄的興趣。目前還無法一一列舉癲癇病的所有表現形式，我們選擇了一個複合症狀的病例。

有一個男孩，七歲時，他就表現出令人不解的行為，首先他有一段時間是喜歡失蹤，當發現他經常躲在地窖或閣樓的暗角裡，我們詢問為什麼時，他是閉口不答。有時候，他會突然中止正在進行的遊戲，躲在媽媽的懷裡不出聲。起先人們以為這種行為是孩子在撒嬌，就沒有把這些古怪的行為放在心上。但當他在學校也開始表現這些行為，有時突然離開桌子跑到老師跟前時，家裡人才注意到問題嚴重性而驚慌起來。但人們仍沒有想到他可能患有精神疾病。當時，他自己顯然不知道發生過突然停頓的事情。漸漸地他形成了一種孤僻和易怒的性格。到後來，他開始表現暴力的傾向，有一次發作，竟把剪刀使勁地擲向妹妹，幸好沒有釀成悲劇。

父母並未對此行為想過要請教精神病醫生，只是把他當作一個調皮的壞孩子教育，結果他的病一直拖到十二歲時，他癲癇病第一次明顯發作了，父母如夢初醒，費盡周折才從男孩嘴裡套出原因。原來在他六歲時，他就被某種恐懼所控制。當他獨自一人時，他是覺得有個看不見的人也在場，後來，他便能看見一個長得很醜陋的大鬍子怪人，這個人我們曾未見過，他卻能很清楚地描述這個怪人的特徵。這個人有時會突然出現，嚇得他不得不跑開，躲藏起來。我們很難理解那個人為什麼如此令人害怕。但對男孩來說，這個怪人對他構成某種威脅，這是一個寶貴的祕密，

而祕密就是病根。我們花了大量的精力才取得他的信任，最後他說出了祕密：「這個人想給我一個很可怕的東西，可是我還不能告訴你是什麼東西，總之很嚇人。每次我都不要，但他一直逼著我要給我，我是嚇得沒拿那個東西就跑開躲起來了。」說到這裡，他臉色蒼白，恐懼並且顫抖起來。最後，當我們好不容易使他平靜下來時，他說：「這個人想給我的是一種罪惡。」「是什麼樣的罪惡呢？」這孩子站起來，懷疑地朝四周看了看，然後附在我耳邊悄聲說：「謀殺！」

「謀殺？」這正好解釋了他八歲時曾對妹妹有過的粗暴襲擊。後來，恐懼仍繼續困擾他，但幻覺卻有了變化。那個可怕的人沒有再出現，代之出現的是一個修女的形象，如奶媽之類的人。起初她的臉被頭髮遮著，後來揭開一看，露出一張死人樣蒼白的臉來，還帶著非常駭人的表情。九歲到十二歲之間，這個影子總纏繞著他。儘管他更易發怒了，但狂怒的爆發沒有了，變成了癲癇病的發作。修女形象取代大鬍子怪人清楚表明，他已經由此罪傾向於明顯的疾病轉換。

在很多時候，我們對這種病例的治療不能只是機體上的，而主要還是官能性的，即用心理療法進行治療。這個病例很典型，我講述它只是希望能對我們了解自己心理暗中在想些什麼提供一些啟發。

精神病兒童

在這裡，用文字很難描述兒童精神病的所有症狀和表達方式。這種病的表現從病態的搗亂行為，到確定的歇斯底里發作的狀態，什麼都有可能。這種病在機體上的明顯表現很激烈，如歇斯底里的高燒，或是異常的低燒、痙攣的疼痛、胃功能低下等。在精神或道德上，則以激動或沮喪、說謊，性反常和偷竊等形式表現出來。有一個四歲小女孩，從一歲起，她便患有便祕。我們開始注意到母親在孩子生活中的一個最重要因素，當我們看到她的精神病母親時，就肯定了她母親是真正的原因。因此，我們也同時對母親進行治療，勸她離開孩子，由另一個人來照顧孩子。果然，小女孩的症狀很快就消失了。後來我們繼續研究這個病例，發現這個小女孩的症狀從那以後再也沒有出現過。這個問題解決的關鍵是對來自母親病源的影響分析並消除了。這個小女孩是母親最小的孩子，理所當然成為精神病母親的寵兒。母親將所有的情緒都傳給了孩子，使之產生強烈的焦灼、憂慮，小女孩處於緊張的狀態中難以脫出，這對腸胃的蠕動功能來說，是非常不利的，產生病症便理所當然了。

我們必須明白一點，即掌握兒童精神病理學及其伴隨危害的實際知識，對於教師來說，運用分析心理的原則是非常必要的。可是，我們所見到的某些心理學書籍讓人覺得精神分析學相當簡單，努力點，一學便會。但我要勸抱著如此膚淺思想的人不要妄想成為合格的心理學家。對於那些未掌握這門學問便試圖去分析

兒童心理的人，我們得做出十分嚴厲的告誡，任何合格的心理學家絕不會那麼做，否則後果嚴重。讓教育者了解現代心理學對理解兒童心理很有必要。對希望運用分析方法來解決兒童問題的教育者來說，則必須具備可能遇到的病理狀況的全部知識，但這樣的要求除了負責的醫生外，我們覺得別人恐怕還不能做到這一點，而事實的確如此。

對兒童進行分析無疑是一件難度極大而又冒險的事情，我們分析兒童所需的工作條件與成年人所需的工作條件是完全不同的，因為兒童相對成年人來說具有一種特殊的心理，這便要求條件特殊。兒童心理在很長一段時間裡，其實是父母心理環境的一部分，正如兒童在胎兒期，其身體是母親身體的一部分一樣，這就解釋了為何有那麼多兒童的精神病更多地是非自身，而由其父母的心理狀態所引起的緣故。只是極少數兒童的精神是屬於自己的，而對絕大多數的兒童來說，其精神生活完全等同於父母的精神生活。這種依賴是正常的。如果對兒童心理的自然成長進行干涉，勢必會造成傷害。所以，我們可以這樣理解：兒童的性早熟與父母粗俗開導的進行性教育有著密切的關係。如果你的分析是建立在性的關係這一教條上，認為父母與孩子的關係是必然關係的話，那麼便必然會出現災難性的影響。

透過對人類心理發展史的研究可以發現，人類心理的發展與意識範圍的擴展是同時進行的，每一個成就的取得都要經歷一個十分艱難的過程。

　　對於人類來說，無意識是非常重要的，放棄它比放棄任何東西都可惜。人類對未知的事物存有極度的好奇心及本能上的恐懼感，這一點在那些曾試圖把新思想灌輸給別人的人身上表現得很明顯。即使是思想很成熟的人，也同樣對未知事物充滿了恐懼感。

　　值得一提的是，兒童對它卻不像大人那樣恐懼。但兒童由於對過度恐懼造成的過度依賴父母是不正常和病態的。兒童在成長過程中出現猶豫不決的現象，是由於對父母的過度依賴造成的。有些父母對孩子的依賴表現視而不見，反而任意縱容，以為這是對孩子疼愛的做法，其實這是錯誤的想法，是非常片面的。

　　即使兒童確實表現出了症狀，即出現非常明顯的亂倫傾向，我們還是建議父母應認真進行精神檢查，而不是針對兒童採取過多的治療措施。透過對一系列情況的觀察研究，我們發現一些驚人的事實，比如父親無意識地愛上自己的女兒，母親無意識喜歡自己的兒子。父母的行為在無意識的掩蓋下，將成人的感情的傾注於自己的孩子，而孩子再次無意識地扮演了父母強加給他們的角色。這是誰的悲哀？

　　兒童當然不會自願去扮演這些不正常的角色，除非父母將這些東西無意識地強加給他們，那樣兒童只能被迫接受。這種無意識角色的混亂易造成一種相互的補償心理，我們對此進行分析不難發現，父母的無意識是被壓抑的，是很痛苦的。我們得讓那令人痛苦的東西繼續受壓制，儘管這會使那個人更痛苦，因為這能讓他明白那是為擺正事實、端正倫理而痛苦；並且，這種痛苦的

含義是十分明確的。壓制情緒會引起一種虛幻的間接痛苦，稱為「精神病」。精神病人的痛苦其實是一種無意識的欺騙，它並不像真實痛苦那樣具有道德價值。這種被壓抑的痛苦除了會導致精神病外，還會產生其它不利的影響。它會向周圍環境滲透，對兒童產生影響，精神病就以這種方式代代相傳。

兒童由於本能地傳承父母的心理，必然間接地受到傳染。他們所能做的，要麼默默地來進行反抗（有時雖然有聲，卻是徒勞的），要麼屈服於一種令人麻痺和帶有強迫性的模仿之中。但無論在何種情況下，他們總會受到父母的強迫，而按照父母的願望去做事，從而喪失了自己的意願。而父母在「對孩子嚴格要求」的幌子掩蓋下，對孩子身上肆意強加自己的意願，兒童要想避免遭受這種傷害，唯一的辦法是坦然面對自己的心理問題，與父母有效地溝通與交流。讓兒童的心靈暗角不再黑暗，讓他懂得傾訴是最好的結果。這並不是要求父母不犯錯誤（誰都不可能不犯錯誤），而是要求父母如何正確面對問題。我們需要進行審查的不是生活，而是無意識，特別是教育者的無意識，也是我們自己每個人的無意識。

各類精神病

儘管這樣的病例在兒童中並不常見，但我們至少可以重視這種病理心理發展的第一階段。青春期過後，這種病的發展便會導致各種表現形式的精神分裂症。其一般特徵是舉止離奇古怪，難

以理解。由於敏感而顯得情緒異常,導致自我封閉。他們容易極端情緒化,敏感使他們會為細微的瑣事而發怒。

有這樣一個十四歲的男孩,他的性覺醒開始表現很突然,並且以一種極為動盪的急躁方式表現為某種早熟,因而擾亂了他的睡眠,導致他的健康受損。這種症狀開始於他向某個女孩約會而被拒絕之後,當時他就很憤怒地走開了。回到家後,他試圖忘記這種由不斷增強的恐懼、憤怒和失望混雜而成的情緒,無法理清的情緒干擾著他的正常思維,致使他無法安心做作業。隨著這種情緒越來越強烈,最後,他幾乎是無意識地衝到花園的草地上開始打滾。幾個小時後,他的情緒才自己慢慢平靜下來,但是性的干擾開始困擾他。我們研究這個男孩的時候,發現這個家庭曾出現過好幾例精神分裂症。這便是帶有不良家庭遺傳兒童的典型症狀情緒特徵。

遲緩兒

遲緩兒通常表現為智力缺陷,主要特徵是智力低下,普遍缺乏理解力,明顯表現出呆傻、緩慢、愚笨、反應遲鈍等。

儘管這些兒童智力有缺陷,但仍具有某些與眾不同的心理素質,他們往往表現出正常人沒有的忠誠、可靠、奉獻、柔情和自我犧牲的品質。當然,還有較不明顯和罕見的類型。這類兒童表現與前面類型不同的性格特徵:性急、易怒,其心理無能相當於

心理缺陷型兒童，但這種無能通常明顯地限於某些方面，並不是都一成不變。

我們應該區別開這些天生的、實際上無治癒可能的、但又不是不可教育的類型的兒童和那些精神發展受阻礙的兒童。這些類型的兒童的性格發展非常緩慢，有時是你覺察不到它有任何發展，這時就需要有經驗的精神病專家才能做出專業診斷，才能確定其是否有心理缺陷。這種兒童的情緒反應通常顯得很愚蠢無理。曾有一個六歲的男孩，他經常狂怒發作。發作時他是毀壞東西，並以一種非常狠毒的方式威脅父母和奶媽，還「拒絕說話」。他是個長得很好的小傢伙，但就是表現多疑，惡作劇，而且極其固執，一點也不聽話。

從這些情況來看，可以判斷他的確是一個頭號的白痴兒童，不喜歡與人交談也沒學過怎樣說話。但他並非是愚蠢到完全不能說話的程度，他的全部行為表現為一種精神官能症症狀。既然我們已經確定小孩的精神官能症狀，我們就沒必要浪費過多的時間去考察他的無意識，而可以使用直接調查母親的方法。因為，我們已經知道父母是造成兒童精神官能症的原因，雖然是否是直接的原因還不能肯定，但至少是其中一個最重要的因素，這幾乎是一條醫療上的定例了。

我們了解到這個男孩是其父母八個子女中唯一的男孩。他母親是個驕傲而又執拗的女人。當我們把孩子的症狀確定地告訴她時，受到她的反對，被認為是對她的一種侮辱。她一直認為她的

兒子應該是個聰明的孩子，並對我們故意隱瞞孩子的缺陷。如果他真的愚笨，那也只能歸結為他母親那愚蠢和存心不良的固執。如果他擁有的是一位明智的母親，他所學到的東西應該比現在多得多。但事實是，他確定是個白痴 —— 因為母親的緣故。他已經成了他母親的雄心所希望塑造成的那樣心狠和執拗。他完全被人們所誤解，即被父母的無知塑造成了另一種人，因而內心便自我封閉起來。出於徹底的絕望，他便發展成為狂怒的發作以表達他的內心，他是被人推得太遠了。

　　精神發展受阻通常落在父母的第一個孩子身上，或者是那些其父母由於心理衝突而關係不好的兒童身上，也可能因為母親在懷孕期間由於疾病或過疲勞累引起。如果這種兒童沒有受到後來的教育傷害，那麼他們仍然會隨著教育的正確使用而獲得相對的心理成熟，只是時間會相對推遲一些。

鑄造完美個性

榮格說

榮格說，我所寫的所有東西都可被當作一種源自內在力量所激發成的作品 —— 而這個源頭卻是一個致命的強制力，正是這種強制力才激發我的內在力量。

（一）榮格的人生之路

榮格在步入成熟階段，已開始致力於潛意識的研究了，他所從事的是一項極為繁冗的工作，時間一直過了大約二十多年，才對其中的奧祕有了某種程度的了解。

首先，必須為自己的內在經驗尋找一些歷史的原型來驗證，換句話說，我得自問：「究竟我能否在歷史中獲得一些相關的前提？如果當時無法找到這樣的證據的話，那麼我也不可能使我的構想具體化。」

分析心理學基本上而言是一種自然科學，然而它比其他科學更容易受到觀察者本身主觀偏見的影響，這似乎是不可避免的。因此，心理學者必須極度依賴客觀歷史及文學中的類似事物，以求避免在判斷上犯下錯誤。從一九一八年至一九二六年，榮格曾嚴肅地研究諾斯底教派的作家，這主要是因為他們接觸的也是潛意識的原始世界，並且在處理其中一些問題時顯然混淆了本能世界的「意象」。就其中有限的記錄顯示，他們到底對這些意象了解

多少，實在是很難有確切說法的，何況他們的大半記錄是來自他們的死對頭——教會的神父。而且榮格認為他們對於這些記錄，在當時也沒有心理學的概念存在。這些諾斯底教派的人做的事對榮格來說畢竟太遙遠，他無法在他們和他所面臨的問題之間建立任何一種連結的關係。依他看來，那個可能連結事實也證明不可能在諾斯底主義——或者說新柏拉圖主義——和現今的世界之間建立溝通的橋梁，畢竟還有新的問題不能與其建立任何關聯。

佛洛伊德被認為是這一切的始作俑者。他首先引入諾斯底主義中的兩項古典主題——性慾與可怕的父權。在他理論中所提出來的原始父親及其陰鬱的超自我神話中，斯諾底教的耶和華及創造者——上帝的意念不斷地出現在他的著作中。這個神在佛洛伊德的神話裡成了一個可怕的魔鬼，他創造了一個充滿絕望、幻影的世界。

在此，我必須對一個夢做一些註解。夢裡最重要的一幕是描述我如何將潛意識的工作表現在父親身上，而父親果然全神投注入聖經——也許是創世紀吧——並且嘗試與我們溝通他的觀點與見解。聖經外皮是由魚皮所製，這魚皮即象徵聖經乃為一種潛意識的內容，因為魚本身即代表沉默。可憐的父親卻仍然無法表明自己的思想，畢竟他的聽眾太愚昧以致無法理解。

這一切都在我的潛意識裡蓄勢待發。我必須向命運屈服，也許應該迫使自己在行跪拜之禮時做完全的屈從——將頭叩地。然而我沒有這麼做，我的頭始終沒有全然俯叩在地上。我發現心裡

有一個聲音堅定說道：「都很好，便不是全然。」我知道存在一種內在反抗的力量——我拒絕成為一條傻魚：如果在人的身上不曾有這一點自由的意志，那麼約伯記不可能在基督誕生之前的數百年被人寫就。

凡是知道理解我的傷口的人可能會由其中得到助益，其他人也許必須讀了之後才能有所悟。我的一生就只擁有這些思想作品的成就，彼此息息相關。這些作品正是我內心世界發展的再現，而對潛意識的全身心研究成就了我這個人，並且在我身上產生了許多本質變化。我的作品可謂是我生命旅程上的一個個終點站。

榮格說：我所寫的所有東西都可被當作一種源自內在力量所激發成的作品——而這個源頭卻是一個致命的強制力，正是這種強制力才激發我的內在力量。由於內在力量的作用，允許這個力量操縱我，我所說的話、所寫就的傷口就是對我們這個世界的一種補償，而我必須說出這些沒有人願意聽的話。不可置疑的，這個畢生的事業也許會更輝煌、更偉大——然而，過多的成就不是我力所能及的。

我們觀察時，一種受到引導的生活與毫無目的的生活相比，通常會更好、更富足、更健康，順著生活的潮流走比逆著生活的潮流走要更好。在心理醫生指導下生活的年輕人一樣虛弱和病態。我們確信把死亡當作一個不得不經歷而只有奮鬥的目標，如果我們難免用這個詞的話。在死亡面前退縮是不健康、不正常的，生命後半部分的目標是毫無意義的。

　　說到這裡，我們用太陽來比喻人生一百八十度的弧線的每個部分。第一個四分之一是童年 ── 在那種狀態下我們是沒有自我意識的；別人的問題充滿了第二個和第三個四分之一；而到了最後一個 ── 極端衰老的年紀，這時我們又下降到那種不擔心我們的意識狀態的情況下，我們的問題重新變成了別人的問題。可以肯定的一點，童年和極端衰老的意識狀態是截然不同的，可是它們有一個共同點，就是沉浸在無意識中產生的，所以人的心理過程雖然不是很接近童年意識，不像一個老人的心理過程那麼難以觀察，但是童年和老年仍是沒有意識問題的人生階段。

（二）心理醫生自我分析

　　經常有人誠懇地向我請教心理治療和分析的方法，我卻無法提出一個明確的答案，但我從沒感到愧疚，因為每一個病例都有其不同的治療方案。每當一個醫生告訴我，他絕對不採取某一種方式時，我會對他的治療效果產生懷疑，畢竟我們的醫療仍有一定的方式。事實上，心理治療和分析的複雜正如同人類個體一般。一個心理學上的真理只有在能接受反駁的條件下才是存在的，很可能被某一個認為絕對不可能的解決方法，卻正是另一個醫生尋求的答案。

　　當然，身為醫生就必須熟悉所謂的解決方案，卻應該避免落入某一個特定公式化的處理方式。一般來講，醫生也絕不該迷信理論上的假設而不顧現實的特殊性。對我而言，處理個別病例的

方法唯有透過對病人做個別了解方能確定。需要對每一個病人使用一種特殊不同的語言。比如,在處理某一個病例時,可能用的是阿德勒的語言,而另一個病例,很可能採用的是佛洛伊德的語言,沒有固定的方式,只有對症用語。

最重要的一點是醫生必須將每個病人視為一個完全獨立的個體。心理分析必須要兩個夥伴平等的對話 —— 也就是分析者和病人面對面,相視而坐。醫生有話要說,病人也是一樣,這樣一方面醫生可以了解到患者的情況,同時患者可以得到醫生的論斷與建議。

人類心理很明顯地要比生理複雜,而且難以接近、捉摸,因此心理活動不僅僅是一個人,而是一個世界的問題,所以,精神病醫師必須面對處理的是病人的整個世界。

從現今情勢來看,我們可以了解到威脅人類的禍患並不僅僅來自大自然,更多的來自人類本身,來自集體或個體的心理狀態,這是一個新的課題,它向我們提出了新的挑戰。

心理治療專家不僅需要深入了解病人,同樣地,也必須深刻了解自己。由於這個原因,心理醫生對自我分析便成了一項不可缺少的條件。當一個醫生有能力面對和處理他自己的問題時,才能教導幫助病人解決他們的問題,這點倒像佛說的「來渡己,先渡人」。

治療者必須時刻警惕自己,並且注意自己對病人的態度,因為我們並不單憑意識表達自己,因為病人才是最需要我們關心

的。同時，也應該自問：面對相同的情況時，我們的潛意識又會做何種反應？所以，必須要正確視察自己的夢，集中心力研析自己，正如同對待病人一樣。否則，全部的治療很可能會脫軌，那樣的結果都不是我們想看到的。

　　仍然很清楚地記得當時佛洛伊德是這麼對我說的：「親愛的榮格，答應我，絕對不要放棄性理論。這是最最重要的事情，我們必須為它立下教條，造成一個堅固的不可動搖的堡壘。」他很激動地以父親的口吻對著我說：「親愛的孩子，再答應我一件事，你每個週日都要上教堂。」我沒有理解什麼意思，所以有點驚訝地問道：「堡壘？要對抗什麼呢？」他回答說：「對抗泥濘的黑潮，」他猶豫了一下子，又說道：「神祕主義的黑潮。」首先我對「堡壘」及「教條」這些字眼感到不安。所謂的教條，那就是說，是沒有討論餘地的信條。立下教條，其目的就是用來壓抑疑惑，而再也沒有什麼科學上的判斷了，有的只是個人的權力欲望。

　　我感到迷惑不安，他的話使我似乎瞥見了一個全新的、未知的領域，其中有鋪天蓋地的新觀念向我衝擊而來。有一件事倒是很清楚：佛洛伊德是在強調他的非宗教性，如今他卻在建構自己新的教條，甚至想要以另一引人注目的表象 —— 性，來取代他久已遺失的上帝。而這個神與原來的上帝一樣光彩醒目，一樣嚴厲，一樣跋扈，在道德上更是顯得曖昧不明。就好像心靈上的力量帶有「神性」或「魔性」，所以「性慾」就接管了這神祕的角色，成為潛藏的神。

對佛洛伊德而言，性無疑是個神，但他用的術語及理論似乎都只將它與生物上的功能等同。只有在他提及到性時的那種感動才會顯露其內在的思想深度。實際上，他是在與他的目標及自己作對抗，以他自己的術語，覺得被「泥濘的黑潮」所威脅，但他比任何人都更想把自己置身於黑色的深淵中。

他幾次向我問起，整件事在發展過程中表現得過度的焦躁。在我們有一次同進晚餐時，就在上述的問話中，他突然暈厥了。之後，他告訴我他可以感覺到我希望他亡故。對這種解釋我非常地驚訝，同時，也覺察到他想像的程度 —— 很明顯地，是這麼地強烈，以致會使他暈厥。

在我們的心靈系統中，產生調節效能的組織中心，似乎是種「核子的分子」。我們也可以稱之為發明者、組織者和夢意象的泉源，榮格則稱這個中心為「自己」。並描述它是整個心靈的整體，以和組織整體心靈一小部分的「自我」做一區別。

（三）性格與人生定位

我是誰？這是我們目前面對的問題。思考你所扮演的各種角色與你的特徵是否存在關係。個性是什麼樣的？盡可能多地寫出各種答案，你將會清楚你承擔的責任、義務、角色和性格。想想哪些是暫時的，哪些是永久的，哪些是應該保留的，哪些必須拋棄或改正。可以到專業機構接受心理測試，幫助自己進行心理分析。

面對現實，思考你的人生。想一想工作中什麼是你應得的東西。

了解自己的真實情況，是人生定位的前提，我們可透過不斷學習來提高自己的素質，只是很多方面是沒有辦法改變的，例如個性、風格等。

成熟的一個重要標準就是知道自己可以做什麼，同時也知道自己不能做什麼。能夠做什麼意味著潛在的發展機會，不能做什麼是取捨機會的重要條件。

知人易，知己難。了解自己並不容易辦到。

我們了解自己包括以下許多方面：

你認為自己可以實現的人生目標是什麼？

你的學歷、知識、能力、經驗豐富嗎？

現實與目標之間的差異是什麼？你能說明白嗎？

哪些途徑可以幫助你取得成功？

如何平衡不同的人生目標，你可以平衡情感與事業嗎？

你的人生定位實際的意義是什麼？

你覺得目前最迫切的目標是什麼？可以再忍受多長時間？你的家人可以忍受多長時間？你覺得這樣值得嗎？

你確定了自己的人生目標了嗎？

為實現目標你做了怎樣的具體計劃了嗎？

你知道你的心態是積極的還是消極的嗎？

你能控制自己的心態嗎？

你知道潛力的意義究竟是什麼嗎？

你知道你自己身上所擁有的潛力有多大嗎？

你能將你的心靈潛力開發出來嗎？

你知道你的心理承受力嗎？

你知道你的個性嗎？

你知道你人生的什麼地方才是難以度過的嗎？

你有能力走出你生長的困境嗎？

你認為怎樣才能走出你人生的困境？

你知道人生的意義嗎？

你知道你人生的機會在哪裡嗎？

你覺得能抓住人生的機會嗎？

你知道你現在的工作與生活處境嗎？

你了解你現在所在的工作、生活的群體嗎？

你知道你能與人很好相處嗎？

　　上述問題，只不過是你在拷問自己、聆聽自我、認識自己時必須認真回答的問題。如果你要真正認識你自己，對你自己要有一個完整的把握，你還需要提出更多的問題，從更多的角度認識你自己，拷問自己的靈魂。

　　只有這樣，你才有可能真正了解你自己，對自己有一個較為正確的認識與評價，做到「知己知彼，百戰不殆」，從而有助於確定自己的人生定位，更容易獲得成功。

你要做什麼樣的人

　　一位作家的一段話非常深刻地道出了要做什麼樣的人：「人生就像是登山，有的人欲望不大，步調緩慢，雖不能有傑出的成就，卻享受了生活的樂趣。有的人理想遠大，卻能力不足，結果半途而廢，壯志未酬。又有些人意志堅定，固然達到了理想的境地，卻已是年老體衰，難有作為。只有極少的人是既有遠大的抱負，又具卓越的膽識和超人的體力，能直登絕頂，看群峰於衽席之下，享受尺寸千里的美景。」

　　每個人都應該對自己有一個正確的認識，特別是在今天生活節奏和生活方式發生重大變化的時候，只有對自己有個正確的充分估量，才能應對生活的任何變化。在現代社會紛繁複雜的人際關係中，你是否經常發現，自己會莫名其妙地陷入到一種靈魂深處的不安之中，但卻找不到任何能說服自己的理由。我們的每一聲嘆息，我們內心的每一次呼喚，你只有躲開外面世界的嘈雜與喧鬧，才能靜靜地聆聽自己的心靈，只有這樣，你才能在這紛繁嘈雜之中，堅守自己內心的寧靜，也就不會在喧鬧的生活中迷失自我。

　　對於不認識的人，你可以設法去結識；對於未知的世界，你可以積極地去探索；對於成功的巔峰，你可以大膽地去攀登。這些對於你來說都是極容易辦到的事。畢竟自己的想法與行動有了明確的目的，那麼剩下的只有自己快要到來的成功了。

　　定位決定人生，定位改變人生

　　一個人想在社會中擁有一定的位置，那麼請定位好你自己，這是至關重要的。

　　一個乞丐站在捷運出口賣鉛筆，一個商人路過，向乞丐的杯子中投入幾枚硬幣，便匆匆而去。過了一會兒，商人卻回來取鉛筆，說：「對不起，我忘了拿鉛筆，因為我們畢竟都是商人。」這件事過了幾年，一天，這位商人參加一次商務酒會，遇見一位衣冠楚楚的先生向他敬酒致謝，看商人覺得意外，那位先生解釋說：「我就是當初賣鉛筆的乞丐。」原來他生活的改變，都得益於商人的那句話：你我都是商人。這個故事告訴我們：如果一個人定位於乞丐，他就是乞丐；定位於商人，他就是商人。

　　眾所周知，汽車大王福特自幼幫父親在農場幹活，父親和周圍的人都要他在農場做助理，如果福特僅滿足現狀，把自己當作他們的助理。世間便少了一位偉大的工業家，而福特堅信自己可以成為一名機械工程師。十二歲時，他就在頭腦中構想用能夠在路上行走的機器代替牲口和人力，於是他用一年的時間完成別人要花三年的機械師訓練，隨後他花了兩年多的時間研究蒸汽原理，試圖實現他的理想，但未獲成功。隨後他又投入到汽油機研

究上來，每天都夢想製造一部汽車。皇天不負有心人，終於有一天，他的創意被大發明家愛迪生所賞識，愛迪生邀請他到底特律公司擔任工程師。經過十年努力，福特二十九歲時，成功地製造了第一部汽車引擎。今天的美國，每個家庭有一部以上的汽車，底特律便成為福特的財富之都。福特的成功，不能不歸功於他的定位正確。

尋找與個性相配的工作

每個人都想找到與自己個性相配的工作，因為那樣可以充分發揮自己的個性，成功的可能性也比較大。

有一種理論叫「個性—工作適應理論」，該理論認為，人的個性（包括價值觀、動機和需要等）是決定一個人選擇何種職業的一個重要因素。

「個性—工作適應理論」的提出者霍蘭德，基於自己對職業偏好測試（Vocational Preference Test，簡稱 VPT）的研究，一共發現了六種基本的人格類型。

◎　現實型

具有這種個性的人會被吸引去從事那些包含著體力活動，並且需要一定的技巧、力量和直觀協調性才能承擔的職業。這些職業的例子有：森林工人、耕作工人及農場主人等等。

◎　研究型

具有這種個性的人會被吸引去從事那些包含著較多認知活動（思考、組織、理解等）的職業，而不是那些以感知活動（感覺、反應或人際溝通以及情感等）為主要內容的職業。這類職業的例子有：生物學家、化學家以及大學教授等等。

◎　社會型

具有這種個性的人會被吸引去從事那些包含著大量人際交往內容的職業，而不是那些包含著大量智力活動或體力活動的職業。這種職業的例子有：診所的心理醫生、外交工作者以及社會工作者等等。

◎　傳統型

屬於這種類型的人會被吸引去從事那些包含著大量結構性的且規則較為固定的活動的職業，在這些職業中，僱員個人的需要通常要服從於組織的需要。如會計、銀行職員以及金融師等等就屬於這類職業。

◎　企業型

具有這種個性的人會被吸引去從事那些包含著大量以影響他人為目的的語言活動的職業。這類職業的例子有：管理人員、律師以及公共關係管理者等等。

◎ **藝術型**

具有這種個性的人會被吸引去從事那些包含著大量自我表現、藝術創造、情感表達以及個性化活動的職業。這類職業的例子有：藝術家、廣告製作者以及音樂家等等。

當然，我們並不是機械地劃分類型，而是給大家提供參考。大多數人實際上並非只有一種個性類型（比如，一個人的個性中很可能是同時包含著社會型、現實型和研究型這三種個性成分的）。霍蘭德認為，這些個性成分越相似或相容性越強，則一個人在選擇職業時所面臨的內在衝突和猶豫就會越少，一旦選擇，成功的機率就非常高。

（四）重視教育，完善個性

榮格覺得，理性的意識越來越受社會重視，而非理性卻被無意識所深深地掩蓋，所以一個人要完全實現自己的個性化或自我是不可能的。至於個性化能達到什麼程度，則因人而異。

人格只有在健康的環境和教育影響下，才能得到健康的發展，不然，人格在不健康的環境和教育影響下必定是畸形。因此，無意識深處的原形得以充分表露，成為能夠意識到的東西，進而在自覺意識的作用下，使意識與無意識達到完滿的和諧狀態，使人格系統達到個性化。

榮格的個性化還有要求一個心理健康者所要達到的目的。對於有心理疾病的人，心理治療學家的任務便是幫助他正視自己無

意識，實現人格的完整統一。但要達到這種統一，除了治療者自身，環境和教育的作用也同樣重要。

家庭教育

就如我們前面「早期人格開發」問題中提到的那樣，榮格大師在心理治療中發現，許多患者身上表現出來的各種心理問題，大部分都與他們的父親或關係密切的人有著某種內在關聯。基於此，榮格開始注意家庭對個性形成的影響。

榮格承認，父親在患者意識的成熟和發展中起著重要作用。他在研究家庭對兒童性格發展的影響的問題時提出一些他的觀點，認為兒童在生命初始不具備完全的獨立性，所以，兒童的精神照映父母的精神。換句話說，父母的精神必然影響到兒童的精神世界。榮格特別指出，在治療兒童的心理問題的同時，必須了解他們父母的心理狀態，注意他們的心理問題、生活方式、理想抱負，還要注意他們的家庭環境。這些都能對兒童的心理發展產生直接而深刻的影響。

基於此，父母應如何對孩子施加有益的影響，幫助兒童形成健康的人格呢？榮格大師的觀點是：最主要是家長要把握好教育子女時態度上的分寸，過分的親近和溺愛，容易造成兒童的依賴心理，妨礙其個性化發展，使他們獨立性不強，人格成熟緩慢。至此，在家庭教育中，父母還經常把自己的精神強加給兒童，成為某種有目的的補償心理而置子女的反抗於不顧，強迫兒童去發

展他們本身不適合或反感的精神活動，這些都將導致兒童人格發展的畸形，阻礙其心理的健康發展。

一般來說，父母對子女的影響各不相同。男孩較多從母親的影響形成阿尼瑪原形，從父親的影響接受陰影原形。女孩的情況恰好相反。這點正好說明無論父親或母親，都同時對兒童人格形成產生影響，應該引起高度重視。

個體教育

透過這種教育方法，我們培養學生的目的是必須服從集體教育。但是，這樣做的結果與集體教育的目的相違背。我們必須對抵制集體的兒童予以個別教育，自然也可以從這些兒童當中找出兩類不同的兒童類型。一類是由於病理上的智力衰退而不可教育的兒童，即弱智兒童；另外便是一些非但可以教育而且有特殊才能的兒童，即正常兒童或天才兒童。榮格個人認為，程度較高的教學課在學校裡應作為任意選修的課目，因為教學最常見的的一種表現，便是不能理解任何以抽象數字表達的、與邏輯思維的發展沒能任何關聯的課程。對這些學生來說，數學不僅沒有任何意義，而且還是一種毫無必要的折磨。

並不是每個人都具有理解數學隱含的能力，智力才能也不是都能透過數學獲得。或許可以透過直接的訓練獲得這種能力。不能不嚴格地說，缺乏數學能力並不是一種可以看作個性的特徵，但學校裡的一門課程並不一定對一個學生的心理特徵有著一種不

可替代的影響。換句話說，在學生的心理特徵要求必須獨立自主時，某個被普通接受的教學原則可能會被證明是有害無益的。這種情況不得不對教師常把那些所謂的精神問題學生的失敗歸罪於學生自己的病態性格提出異議，認真調查的結果是：問題學生的心理失調是因為其特殊的家庭環境，使其具有不能適應集體生活的特性。

　　儘管父母可以幫助教師教育好學生，但是教師並不能要求每個家庭都改變其家庭環境。針對問題學生，教師要有針對性地找出適合學生的特殊心理狀態的方法，以便產生有效的作用。正如我們所說的，即使我們已經找到問題學生的家庭影響這一症狀，但仍有許多問題尚待了解。我們還要認識到外界因素在學生的精神裡產生什麼樣的影響，我們可以透過學生本人及其父母的調查進行分析，或許這些東西可以說明一些問題。

　　生活中的第一印象對人的衝擊是最強烈、最深刻的，即使它們都是無意識的，如果我們知道學生是由無意識狀態逐漸發展到有意識狀態的，那麼我們就能理解，最基本和最長久的無意識都是來自周圍環境的影響。如果我們試圖改變，就必須將無意識提升到意識，但我們無法改變的是無意識。透過對個體家庭環境及其心理活動過程的調查結果，便可以證明我們這麼做是沒有必要的。但是我們必要並且又必須有深入調查，這種調查和做技術工程一樣，如果沒有充分的技術設備，那麼後果是不堪設想的。做

建築工程必須知道在什麼時候和什麼地方進行是最佳的，還需要相當豐富的建築經驗，但無知的人是低估其作用。

將無意識的內容提升到表層上來，就相當於人為創造了一種與精神變態極為相似的狀態。大多數的精神分裂，便是因為大多數人的心理無法抵擋無意識內容的侵犯。因此，我們必須清楚地知道我們能在什麼地方進行干預，什麼地方不能干預，這樣才能避開干預帶來的危險。即使避開這個危險，我們仍不能避免來自其它方面的危險。所以我們必須知道，無意識的分析必須在一個接受過系統的精神病治療法和心理學訓練的醫生的控制和指導下進行。

那麼，我們怎樣才能將無意識內容引入到意識中來呢？最好和最實用卻又是最困難的方法，便是對夢進行分析和解析。夢是無意識心理活動的產物，沒有經過我們心理活動而在睡眠中產生的夢，從我們的意識中經過，也許在我們清醒的狀態中還殘留一些微弱的意識殘跡。也許正是因為這種清醒狀態的意識殘留誤認為可靠的訊息，在我們試圖對夢進行分析和解析時，便很難用上自己已知的一些科學方法。

此時的我們正如一個正在努力辨認失傳的文字的考古學家一樣茫然。當然，假設無意識內容的確存在的話，夢則是向我們傳遞有關訊息的最好途徑。這方面的最大成就者當屬佛洛伊德了。當我們尊崇佛洛伊德的科學方法時，過去古時代的人民對夢的神祕性的研究也便並非全都是迷信。

　　西元二世紀的阿特米多魯斯的釋夢著作，是一份不可多得的科學文獻。同時我們也不能忽視生於西元三十七年的弗勒維斯‧約瑟夫斯所記錄的厄森茲派的釋夢的價值。雖然古代的醫生都對夢給予極大的關注，但如果沒有佛洛伊德將科學引入夢的解析，科學就不可能這麼快回到將夢作為科學分析這點上。但今天有許多醫生、生理學家拒絕對夢進行分析，他們覺得這種方法太難以確定、太隨意、太困難了，無須借助無意識。當然，這和我們的觀點是相反的，我們透過大量的經驗證明，在所有的疑難病例中，精神病學家認識到病人的夢有著極大的價值。它既是訊息的來源，又是治療的手段。

　　我們必須面對的是極大的問題 —— 夢的分析。我們採取與考古學家辨認象形文字一樣的分析方式，首先我們得收集做夢者提供的一切可能獲得的夢的意象資料；其次，我們要盡可能排除任何依賴於假設的論述，因為這些論述幾乎都是有主觀傾向性的解釋。接著，我們不僅要知道做夢前一天的事情，而且還要詢問做夢前幾天或前幾週的一些情況。當然，熟悉做夢者的周圍環境及性格也是必要的。如果我們想了解做夢的更多真實意義，就必須做好上述的準備工作。我們不能相信那些沒有經過思考而做出的，或者用原有理論編造出來的所謂夢的解釋。我們必須注意一點，不能用任何理論去解釋或許會出現的一些意料不到的東西，對這些東西的講解是毫無可取之處的。我們或許還會獲得一些模糊不清、無法一時弄懂的東西。在這種情況下，不做一些勉強的

解釋更好。沒辦法，我們只好容忍大量的問題存在於我們的工作中，這也是不可避免的。

當我們收集到所有夢的材料時，夢的某些問題便明瞭了。在混亂和毫無意義的意象中，我們便開始看到夢的原體那微弱的希望之光 —— 起初只是不連貫的部分，之後便顯得越來越順暢了。我們下面列舉一些在醫療控制下進行個體教育的夢例：

夢中所產生的意象，有時比清醒時的概念和經驗還要來得生動和逼真，因為感知總比理解容易。其中一個理由是：在夢中，這類概念完全可以表達潛意識的意義。在我們意識的思考壓制自己在理性陳述的界限裡 —— 這種陳述沒那麼多采多姿，因為我們的本性能除掉大部分的心靈聯想。

記得一個我做的夢，但連我也感到難解。在此夢中，有個人走到身邊，然後跳上我的背。我對這男子是完全陌生，除了注意到他提起一些我所做的評論，而且將我的本意扭曲。不過我無法了解這件事與他試圖爬上我的背之間有何關聯。現在，有意識地控制個人的情緒有特定的價值。不久，我領悟這一觀點是該夢暗示所做成的。它採用奧地利人的俗語，轉變成一個直觀的意象。這句口語化的原句是：你可以爬到我背上去。意味著我不在乎你們對我說什麼。

可以說這個夢的意像是存在象徵意義的，因為它並沒有直接描述情景，反而間接地用我起先也不了解的暗喻來表述。當它發生時，它不是故意透過夢表達，而只是反映我們不能理解充滿感

情的全圖式的語言。因為在日常生活裡，需要盡可能地把事情描述得正確無誤，而且我們知道以語言和思想兩者排除無謂的修飾以還原生活的真實面目。大多數人把對象或觀念所具有的空幻心靈聯想交付給潛意識。另一方面，未開化的人仍舊發覺這些心靈習性，他賦予動物、植物、石塊以能力，這令我們感到驚訝而又不能接受。

舉例來說，一個住在非洲森林的人，在大白天看見一個夜行物體，他知道那只是巫師的暫時化身。在未開化的社會裡，樹木在人們心中扮演極重要的角色，它附在人的靈魂和聲音上，令人感到自身與樹木同體。有些南美洲印度人認為自己是飛翔的大鳥，雖然他們自己沒有羽毛、翅膀和喙。因為在未開化世界裡，萬物並不像我們「理性」社會一樣有明顯而有嚴格的界限。

對於我們而言，這種事是在意識範圍之下，當它們偶爾再出現時，我們甚至能明顯覺得有些事不對勁呢！

我曾經常替一些教養良好和聰明的人看病，他們都有些令人他們震驚不已的怪夢、幻想，甚至幻覺。他們都以為精神健康的人不會受到這種痛苦，而如果有人真的看見幻覺，那麼可以肯定他一定有病。未開化的人面對這種令我們震驚的事情時是不會懷疑自己神智不健全的，反而會想到神、精靈或諸神。

不過，影響我們的情緒是一些區別不大的事情。其實，源自我們刻意裝飾的文化的恐怖，比未開化的人迷信鬼神更來得令人有緊迫感。現代文化人的態度令我記起一個來我診所的精神病患

者，他做了一個夢，他使用消毒用的水銀氧化物替整個天堂消毒過，在進行徹底的清潔過程中，並沒有發現上帝的蹤影。在這裡，我們了解那人精神有問題、不對勁。且不說上帝或「害怕上帝」，那顯然是種焦慮的精神官能症或恐懼症。

有關這個病例，要使這位受過高等教育的人相信他如未開化的人所說的被鬼所迷，實在難上加難。在未開化的文化裡，我們至少可假設他們受到邪靈鬼怪的惡性影響，但對文明人來說，他們認為那只不過是幻想中無聊的玩笑。未開化的人「固執不移的現象」並不曾消失，照舊和過去一樣，只不過以不同且不愉快的方式來詮釋。

我曾就這個病，把現代人和未開化的人做了幾個比較。佛洛伊德稱這些夢意象為「古代殘存物」，這表明它們是存在於很久以前人類精神裡的心靈元素。這觀點是潛意識，不過是意識附屬物的人的獨特看法。

在進一步研究後，我認為這種態度不能作為科學應有的態度，應予以排斥。我發現這類意象和聯想是潛意識不可缺少的部分，而且可以隨處觀察出來表象特徵，不論做夢者受過教育或是文盲，大智或大愚，它們絕非無生命或無意義的「殘存物」。它們仍舊有作用，且反而因為其「歷史」而顯得價值非凡。

當然，因為夢象徵經常在人不知不覺或未了解的情況下消逝，難免有人對它的作用產生懷疑。在日常生活中，了解夢往往被認為是多餘的。我透過對東非洲某原始部落的調查經驗證明了

這點。令人感到費解的是這個部落的人否認他們有任何夢，我對他們進行細心和旁敲側擊的談話，很快就知道他們像其他人一樣有夢，只是他們不覺得他們的夢有任何意義可言。

當這些人承認有夢，不過又認為夢沒有任何意義時，他們就像現代人一樣，以為夢之所以沒有任何意義，純粹是因為他們不了解。但即使文明人有時也注意夢能使情緒變好或變壞。這是普遍的情形。唯有在一個夢給人特別深刻的印象以及在固定時間間隔重複出現的情形下，大家才會想到要了解夢。

所以，我必須強烈抨擊那些愚昧或牽強附會的分析。有些人的心理非常不平衡，以致在分析他們的夢時產生極大的危險。在不平衡的心理下，極端偏執的意識被回應的失去理智或「瘋狂」的潛意識所截斷，這兩者不該在沒有採取十分小心的態度下關聯在一起。

如果講得更淺顯一點，相信現成的夢解析的系統指引，實在是「弱智」的表現，不要簡單地認為買幾本參考書看看，明白某個特別象徵的意義，就會分析夢。任何夢象徵都不能與個體所夢到的象徵分開，而且沒有哪種解釋可以把夢的意義說得完全無缺。個體的潛意識的補償或賠償的變化實在太多，導致意識心靈沒有把握到底能把夢和夢象徵分析到什麼程度。

到目前為止，還沒有發現什麼解夢的訣竅，也沒有找到任何正確的方法和令人滿意的理論。佛洛伊德的假設是，所有的夢都是性和其他心理上不能滿足的願望的偽裝形成，對於這個假設，

我們還不能確證。我們認為，由於夢的大量非理性的個性體，要建立一種為眾人所接受的理論是完全不可能的。

　　這項衝突正好說明了夢分析的一個重要問題，它不是一種技術，可以像兩個人之間交流意見，只要學習、根據規則來適應即可。如果將它視為簡單機械性的技術，做夢者個人的心靈人格就會迷失，而治療也被限制在一個簡單的問題 —— 在分析者和被分析者之間，誰會支配誰？為了這個原因，放棄了催眠治療，因為我不願意用自己的意志支配我的病人。希望治療的過程完全發自病人自己的人格，而不為我的提示所左右，因為那只有短暫的效果，雖然也有成功的例子。我的本來意願是出於保證和維持病人的自尊和自由，好讓他能根據自己的意願而活。在和佛洛伊德「交流」意見，逐漸領悟我們在建構有關人和心靈的一般理論之前，應該學習更多有關我們要解決的人類的真正問題。

　　個體是唯一的實體，我們越是不重視個體，一味朝著人類抽象觀念發展，那我們就會越走越錯，陷入泥潭。在現今社會快節奏的改變中，實在需要了解更多有關人類個體的內在祕密，因為我們所知道的不多，而且很多方面要看人類個體的精神和道德的素養而定。但我們要有高瞻遠矚的眼光，要把事情看得透徹，就必須了解人類的過去 —— 人類的現在反而可放在次位。

學校教育

　　兒童入學後，學校教育便對兒童個性形成起主要作用。關於這點，榮格自身的體會是一個有力的證明。學校裡的教師、學校的教育環境都對他人格形成產生極大的影響。

　　榮格認為，教師對學生人格發展的影響，與對學生智力發展和知識積累的影響作用同等重要。所以，教師對學生的教育實際上也涉及心理學教育。而對於即將成為教師的人來說，最重要的一點就是必須充分認清自己的個性。否則，他們會在授課時將自己的情緒與煩惱投射給學生。一名心理有問題的教師，勢必對其學生造成極大的傷害，這點已毋庸置疑。

　　對於兒童而言，學校是他們接觸到的第一個現實社會環境，所以他常常把對父親的影子投射到教師身上，認為教師也會像他們父親那樣對待他。這時，教師應該如何對待呢？

　　我們覺得：「教師應該採用個體的方法……」如果教師與兒童保持良好的人際關係，那麼，教學方法是否是最新最好的都無關緊要。因為成功並不依賴於教學方法，學校教學的最終目的不是用知識來給孩子知識，而是使他們成為真正的擁有自己人格的男人和女人。

　　據榮格觀察，教師的言行是對兒童的心理有著潛移默化的作用。因此他覺得，教師應該注意到自己的言行舉止，那樣對兒童的影響作用與實際教學會有一樣的效果。

據此，教師對兒童精神發展和人格的個性化產生的影響，有時甚至超過父母帶給他們的家庭影響。教師的任務是使學生身上無意識的東西變成意識的東西。所以，榮格主張，學校教育應該讓兒童擺脫家庭的無意識對學生的影響。教師應該逐步意識到自己的本性，從而促使兒童人格的健康發展和早日成熟。同樣的，教師也要在教育過程中反省、完善自己，拓寬自己的自覺意識領域。只有這樣，教育者與被教育者才能在意識與無意識的交流中得到健康發展，「教學相長」說的也是這個意識。

集體教育

集體教育，並不是指在學校所進行的整體教育，而是根據規則、原則及方法而進行的教育。由於我們認為這三者對大多數個體來說是可適應並產生作用的，因而他們必然具有集體性。在學會並掌握使用他們的人手中，他們是極其有效的工具。我們可以肯定一點，這種教育除了能夠產生出已經包含在其前提裡的作用外，便不再具有其他任何意義。它培養的那些個體被一些總的原則、規則及方法三者所塑造。

受這些教育影響的學生個體服從於集體性後，他必然形成一種與另一個體極其相似的性格。而這另一個體雖然本身是極不相同的，但仍以相同的方式屈服於這些教育影響的集體性。如果很多個性都具有同等程度的服從性，那麼這種服從會發展成一致（即集體意識），如果屈從的人數越多，則對抵制集體教育的人具有榜

樣的無意識壓力就越大。但這種過分集體教育的性格模式對一個傑出的人來說則可能有災難性的後果。一旦這種教育超出某種一致的最高水準，集體的準則必須要以個性的犧牲來維持的話，那麼就會出現這樣類型的人：雖然他是教育規則、原則和方法上的一個完美典型，並且能夠完美地適應教育過程中出現的一切情況和問題，但是在那些必須個人做出判斷的事物面前，他會顯得驚恐不安，束手無措。

集體教育是必要主體，而且也是不能被任何其它形式教育所取代的。生活在一個集體裡，我們就必須有一種共同語言式的集體準則。即使我們多麼希望有用的個體可以發揮作用，但我們沒有理由為了追求個性的獨立而犧牲集體的原則，正如不能犧牲個性維持集體那樣。我們必須明白，個體並非在所有情況下都是有用的。當我們對抵制集體教育的兒童進行觀察研究時，經常會發現這些兒童都受後天的而不是先天的精神狀態折磨。而事實是，如果把這些問題兒童放在正常兒童行列中時，他們中許多人都能夠很快自我調整，而且能自覺使自己避免由於其個性所造成的不良影響。我們則難以理解這樣的事實，即認為人從根本上來說都是善的，其惡不過是對善的誤解而已。相反，我們認為，許多人的個性是惡的，如果他們抑制其自身不好方面的話，那麼對社會及本人都是有益的。因此，我們可以明確地宣稱：從根本上說，集體教育具有獨特必要的存在價值，並且對大多數人來說也是完全

必要的。但是，我們絕不能把集體教育當作教育的最高原則，因為還有相當數量的兒童仍然需要第三種形式的教育，即個性教育。

榜樣教育

這種教育完全可以透過無意識來進行，因而它是兒童教育中最早的，而且可看作是最有效的形式。榜樣的無意識教育依賴於一種最古老的心理特徵，它能夠在其它直接方法都沒用的地方起作用，這個原理可以運用在治療精神錯亂中，為了避免精神病患者病情的惡化，我們不得不讓他們進行工作，而試圖向他們提出勸告或命令他們幹什麼，多數情況下都是徒勞的。但是，如果他們與一組團隊一起工作，他們最終會由於受其他人行為的影響而開始獨立工作。或許，有人覺得榜樣教育只是適用於精神錯亂者，並不一定適合兒童教育，其實這是一種誤解，在前面的分析中，我們提到所有的教育都依賴於心理同一性這一基本原理，在所有情況下決定性的因素是這種榜樣的自發的作用。這一點至關重要，因為即使有意識教育的最佳方法，在某些情況下，也會由於壞榜樣的作用而變得沒有效果。換言之，無意識榜樣的榜樣教育在任何場合下的教育作用都是極為有效的。

第四章　榮格心理性格類型測驗

　　世事洞明皆學問，人情練達即文章。在人際交往中，我們不需要圓滑世故，八面玲瓏，但要做到進退自如，遊刃有餘。人貴有自知之明。只有掌握自己性格中的優點和缺點，才能在人生道路上揚長避短，走向成功。榮格大師獨創的心理性格類型測驗題，將引導我們徹底明白自己的性格特徵和內心世界。

性格類型測驗

請回答下列問題，然後參照後面的「評分標準」及「榮格大師評價」，判斷自己的性格類型。

(1) 你不喜歡與觀點不同的人友好往來。

　　A、是
　　B、不一定
　　C、不是

(2) 你讀書較慢，但力求完全看懂。

　　A、是
　　B、不一定
　　C、不是

(3) 你做事較慢，但相當認真。

　　A、是
　　B、不一定
　　C、不是

(4) 你經常分析自己，研究自己。

　　A、是
　　B、不一定
　　C、不是

(5) 生氣時，你不會把怒氣發洩出來。

　　A、是
　　B、不一定
　　C、不是

(6) 在人多的場合你是力求不引人注意。

　　A、是
　　B、不一定
　　C、不是

(7) 你喜歡寫日記。

　　A、是
　　B、不一定
　　C、不是

(8) 你待人是很小心的。

　　A、是
　　B、不一定
　　C、不是

(9) 你是個非常注重細節的人。

　　A、是
　　B、不一定
　　C、不是

(10) 你不敢在眾人面前發表演說。

　　A、是
　　B、不一定
　　C、不是

(11) 你不希望擔任領導團體的工作。

　　A、是
　　B、不一定
　　C、不是

（12）你常會猜疑別人。

　　A、是
　　B、不一定
　　C、不是

（13）受到表揚後你會更加努力地學習。

　　A、是
　　B、不一定
　　C、不是

（14）你希望過平靜、輕鬆的生活。

　　A、是
　　B、不一定
　　C、不是

（15）你經常考慮自己幾年後的事情。

　　A、是
　　B、不一定
　　C、不是

（16）你常會一個人想入非非。

　　A、是
　　B、不一定
　　C、不是

（17）你不喜歡經常變換的生活。

　　A、是
　　B、不一定
　　C、不是

（18）你常常回憶自己過去的生活。

　　A、是
　　B、不一定
　　C、不是

（19）你不喜歡參加團體娛樂活動。

　　A、是
　　B、不一定
　　C、不是

（20）你是三思而後行。

　　A、是
　　B、不一定
　　C、不是

（21）用錢時你喜歡精打細算。

　　A、是
　　B、不一定
　　C、不是

（22）你討厭在你做事時，別人在旁邊觀看。

　　A、是
　　B、不一定
　　C、不是

（23）你始終以平淡的態度對待人生。

　　A、是
　　B、不一定
　　C、不是

(24) 你喜歡獨立思考問題。

    A、是
    B、不一定
    C、不是

(25) 你害怕應付麻煩的事情。

    A、是
    B、不一定
    C、不是

(26) 對陌生人你從不輕易相信。

    A、是
    B、不一定
    C、不是

(27) 你經常主動制定學習或工作計畫。

    A、是
    B、不一定
    C、不是

(28) 你不善於結交朋友。

    A、是
    B、不一定
    C、不是

(29) 你的意見和觀點一般不會發生變化。

    A、是
    B、不一定
    C、不是

(30) 你很注意交通安全。

    A、是

    B、不一定

    C、不是

(31) 你的心中有一些小祕密，不願向別人談論。

    A、是

    B、不一定

    C、不是

(32) 你常有自卑感。

    A、是

    B、不一定

    C、不是

(33) 你很在意自己的服裝是否整潔。

    A、是

    B、不一定

    C、不是

(34) 你很關心別人對你有什麼看法。

    A、是

    B、不一定

    C、不是

(35) 和別人在一起時，你的話總比別人少。

    A、是

    B、不一定

    C、不是

（36）你喜歡獨自一個人在房內休息。

 A、是

 B、不一定

 C、不是

（37）你的情緒很穩定，一般不容易波動。

 A、是

 B、不一定

 C、不是

（38）看到房間裡雜亂無章，你就靜不下心來。

 A、是

 B、不一定

 C、不是

（39）遇到不懂的問題你不是去問別人，而是獨自思考。

 A、是

 B、不一定

 C、不是

（40）即使身邊有說話聲或廣播聲，你也能靜下心來學習。

 A、是

 B、不一定

 C、不是

（41）你的口頭表達能力比較差。

 A、是

 B、不一定

 C、不是

（42）你是個沉默寡言的人。

　　A、是
　　B、不一定
　　C、不是

（43）你很難適應陌生的環境。

　　A、是
　　B、不一定
　　C、不是

（44）要你和陌生人打交道，常感到為難。

　　A、是
　　B、不一定
　　C、不是

（45）你常常會低估自己的能力。

　　A、是
　　B、不一定
　　C、不是

（46）遭到失敗後你永遠忘不了。

　　A、是
　　B、不一定
　　C、不是

（47）你覺得腳踏實地做事比探索理論原理更重要。

　　A、是
　　B、不一定
　　C、不是

（48）你很注意同伴們的工作或學習成績。

　　　A、是

　　　B、不一定

　　　C、不是

（49）比起郊遊和跳舞，你更喜歡讀小說和看電影。

　　　A、是

　　　B、不一定

　　　C、不是

（50）買東西時，你常常猶豫不決。

　　　A、是

　　　B、不一定

　　　C、不是

◎　評分標準

　　每小題回答「是」得 0 分；回答「不一定」得 1 分；回答「不是」得 2 分。

榮格大師評價

　　將各題所得分數加起來：

　　得分為 0 ～ 19 分，性格內向。

　　得分為 20 ～ 39 分，性格偏內向。

　　得分為 40 ～ 59 分，性格為中間型（混合型）。

　　得分為 60 ～ 79 分，性格偏外向。

　　得分為 80 ～ 100 分，性格外向。

　　內向型的人對環境中的人物和事物，反應消極。憑內心的主觀因素做決定，不容易受外界影響。不關心外界，不喜歡受外界影響，也不願意影響外界，因此變得封閉而缺乏社交活動，多半傾向自我反省。

　　外向型的人對環境中的人物和事物，反應積極、關心外界，容易受外界影響，也能影響外界。對生的或新的環境也不畏縮，和大家維持良好的關係。

內向思維型性格測驗

　　請回答下列問題，如果有十二個或十二個以上問題的答案為「是」，那麼你的性格就屬於內向思維型。

・ 你可以花很長時間去想通事情的道理。

・ 你擅長於檢查細節。

・ 你喜歡討價還價。

・ 你花錢時小心翼翼。

・ 當你把每日工作計劃好時，你會較有安全感。

・ 你喜歡閱讀或思考任何可以引發你興趣的東西。

・ 能夠參與重大決策是件令人興奮的事。

・ 有時你可以長時間地閱讀，玩智力遊戲，或思考、探索生命的本質。

・ 小心謹慎地完成一件事，是件有成就感的事。

- 準時對你而言非常重要。
- 你喜歡能刺激你思考的對話。
- 你喜歡學習是為了滿足內心的需求。
- 你對於自己能重視工作中的所有細節感到十分自豪。
- 當你遵循成規時，你感到安全。
- 你喜歡使你思考、給你新觀念的書。

榮格大師評價

　　性格屬於這種類型的人，他們希望理解的是個人的存在。在極端情形下，他們探測自身的結果可能與現實幾乎不發生任何關聯，最後甚至割斷與現實的關聯而成為精神病患者。為隨時保護自己，以免遭受壓抑在無意識中的情感的紛擾，他們往往顯示得冷漠無情，因為他們並不重視其他人。他們渴望離群索居，以便沉溺於玄想。他們並不在乎自己的思想是否為別人所接受，儘管他們很可能有那麼幾個與他們屬於同一類型的人作為自己忠實的信徒。他們容易變得頑固執拗、剛愎自用、不善於體諒他人，容易變得驕傲自大、敏感易怒、拒人於千里之外。

內向直覺型性格測驗

　　請回答下列問題，如果有七個或七個以上問題的答案為「是」，那麼你的性格就屬於內向直覺型。

- 說服別人依計劃行事是件有趣的工作。

- 你喜歡探求所有事實，再有邏輯性地做決定。
- 當別人向你訴說他的困難時，你是個好聆聽者。
- 你會不斷地思索一個問題，直到找出答案為止。
- 你認為教育是個發展及終身學習的過程。
- 你不喜歡為重大決策負責。
- 能影響別人使你感到興奮。
- 人們經常告訴你他們存在的問題。
- 你必須徹底地了解事情的真相。

榮格大師評價

　　性格屬於這種類型的人當中，最典型的代表是藝術家，但也包括夢想家和充滿各種幻覺的古怪的人。和外向直覺型的人一樣，他們也從一個意象跳躍到另一個意象，始終在尋找著新的可能性。但他們的全部努力，卻從來也沒有超出過直覺範圍而使自己得到進一步的發展。由於他們的興趣不能始終停留在一個意象上，因此就不能像內向思維者那樣，對心理過程的理解作出深刻的貢獻。但不管怎樣，他們卻擁有可供別人思考、整理並加以發展的絢麗多彩的直覺。

內向情感型性格測驗

　　請回答下列問題，如果有八個或八個以上問題的答案為「是」，那麼你的性格就屬於內向情感型。

- 你用運動來保持強壯的身體。

- 在自己力所能及的範圍內，你喜歡幫助別人不斷改進。

- 你對社會上有許多人需要幫助感到關注。

- 你熱衷於幫助別人發揮天賦和才能。

- 你喜歡幫助別人找出可以互相關注其他人的方法。

- 從事戶外活動令你神清氣爽。

- 你經常關心孤獨、不友善的人。

- 你常起草一個計劃，而由別人完成細節。

- 你對別人的情緒低潮相當敏感。

- 你願意花時間幫別人解決個人危機。

- 強壯而敏捷的身體對你很重要。

榮格大師評價

　　屬於這種類型的人多見於女性。她們不像外向情感型的人那樣炫耀自己的感情，而是把它深藏在內心。她們往往沉默寡言、難以捉摸、態度既隨和又冷淡，並且往往有一種憂鬱和壓抑的神態，但也往往給人一種內心和諧、恬淡寧靜、怡然自足的感覺。事實上，她們也確實有某種深刻強烈的情感，這種情感有時會出乎親人朋友的意料，而爆發一場情感風暴。

內向感覺型性格測驗

請回答下列問題，如果有五個或五個以上問題的答案為「是」，那麼你的性格就屬於內向感覺型。

· 你希望能做些與眾不同的事。

· 你有豐富的想像力。

· 你希望自己的工作能夠抒發你的情緒和感覺。

· 當你從事創造性活動時，你會忘掉一切舊經驗。

· 你喜歡利用一切機會來發揮你的創造力。

· 你期望能看到藝術表演、戲劇及好電影。

· 你的心情受音樂、色彩、寫作和美麗事物的影響極大。

榮格大師評價

性格屬於這種類型的人，他們遠離外部客觀世界而沉浸在自己的主觀感覺之中。與自己的內心世界相比，他們覺得外部世界是平淡寡味、毫無生趣的。除了藝術之外，沒有別的辦法來表現自己，然而他們創作的作品又往往缺乏任何意義。在外人看來，他們可能顯得沉靜、隨和、自利，而實際上由於在思想和情感方面的貧乏，他們往往並不是十分有趣的人。

外向思維型性格測驗

　　請回答下列問題，如果有十二個或十二個以上問題的答案為「是」，那麼你的性格就屬於外向思維型。

- 你通常知道如何應付緊急事件。

- 你喜歡監督事情直至完工。

- 做事失敗了，你會從頭再來。

- 當你答應做一件事時，你會竭盡所能地監督所有細節。

- 如果你和別人產生矛盾，你會不斷地嘗試化干戈為玉帛。

- 升遷和進步對你是極重要的。

- 你在解決問題前，必須把問題徹底分析。

- 你喜歡獨立完成一項任務。

- 你喜歡使用雙手做事。

- 你認為要想成功，就必須訂立高目標。

- 你渴望邁出眾人之列，成為同行中的佼佼者。

- 如果你來到一個陌生的環境，你會做充分的心理準備。

- 你在開始一個計畫前會花很多時間去計劃。

- 你自信會成功，而且一定成功。

榮格大師評價

　　性格屬於這種類型的人，他們的客觀思維上升為支配其生命的激情。典型的例子就是科學家。這些科學家為了盡可能多地認

識客觀世界,奉獻了自己畢生的精力。他們的目標是理解自然現象,發現自然規律,創立理論體系。達爾文和愛因斯坦在外向思維方向上獲得了最充分的發展。這種類型的人常傾向於壓抑自己天生中情感的一面,因而在別人眼中,他可能顯得缺少鮮明的個性,甚至顯得冷漠和傲慢。如果這種壓抑過於嚴重,情感就會被迫採取迂迴曲折甚至變態的方式來影響他的性格。他很可能變得專制、固執、自負、迷信,不接受任何批評。由於缺乏情感,他們的思想很容易變得枯燥無味。這種人最典型、最極端的就是所謂「科學狂」,或週期性變成一種精神反常的怪物,即所謂「化身博士」。

外向直覺型性格測驗

請回答下列問題,如果有六個或六個以上問題的答案為「是」,那麼你的性格就屬於外向直覺型。

· 你非但不害怕過重的工作負荷,並且知道工作的重點是什麼。
· 你喜歡直言不諱,不喜歡轉彎抹角。
· 你崇尚好發問的精神。
· 你不在乎工作時把手弄髒,只要能完成工作。
· 你喜歡競爭,並不懼怕競爭。
· 你經常藉著和別人的交談來解決自己的問題。

- 你認為能把自己的憂愁、痛苦和別人分擔是非常必要的。
- 你具有冒險精神，喜歡接受各種各樣的挑戰。

榮格大師評價

性格屬於這種類型的人多為女性。她們從一種心境跳躍到另一種心境，藉以從外部世界中發現新的可能性。由於缺乏思維能力，她們常沒有解決一個問題前就又渴望解決另一個問題。她們忍受不了日常事物的繁瑣，她們賴以生存的營養是那些新奇的東西。她們容易把自己的生命虛擲在一連串的直覺上，最終卻一事無成。她們有許許多多的興趣愛好，但很快就會厭倦並放棄這些愛好。她們通常很難固定從事某一種工作。

外向情感型性格測驗

請回答下列問題，如果有十個或十個以上問題的答案為「是」，那麼你的性格就屬於外向情感型。

- 你願意冒一點危險以求進步。
- 你對別人的困難樂於伸出援助之手。
- 你一般能體會到某人想要和他人交流的欲望。
- 你覺得嘗試不平凡的新事物是件令人回味的趣事。
- 你喜歡周圍環境簡單而實際。
- 你希望能學習所有使你感興趣的科目。
- 親密的人際關係對你很重要。

- 你常能藉著資訊網路和別人取得聯繫。
- 你喜歡美麗、不平凡的事物。
- 你選車時，最先注意的是好的引擎。
- 你希望粗重的肢體工作不會傷害任何人。
- 你認為和他人的關係豐富了你的生命並使它有意義。

榮格大師評價

　　性格屬於這種類型的人也多為女性。由於她們的情緒隨外界的變化而變化，所以往往顯得反覆無常。外界的任何一點刺激都可能導致她們情緒的變化。由於思維功能受到過分的壓抑，外向情感型的人的思維過程，通常是原始的、不發達的。

外向感覺型性格測驗

　　請回答下列問題，如果有十二個或十二個以上問題的答案為「是」，那麼你的性格就屬於外向感覺型。

- 閱讀新發現的書是一件令人興奮的事。
- 你喜歡把東西拆開，看是否能夠當它們故障時修理它們。
- 你不喜歡穿比較莊重的服裝，而喜歡嘗試新顏色和新款式。
- 你喜歡購買小零件，做成成品。
- 你經常對大自然的奧祕保持好奇心。
- 你經常保持整潔，喜歡有條不紊。

- 你喜歡重新布置你的環境，使它們與眾不同。
- 你做事時必須有清楚的指引。
- 沒有美麗事物的生活，對你而言是件很可怕的事。
- 你不願受傳統思想的束縛，而喜歡用新奇的辦法解決問題。
- 你覺得大自然的美深深地觸動你的靈魂。
- 你需要確切地知道別人對你的要求是什麼。
- 你擅長於自己製作、修理東西。
- 你重視美麗的環境，喜歡把自己弄得很整潔。

榮格大師評價

　　性格屬於這種類型的人（主要是男性），熱衷於累積與外部世界有關的經驗。他們是現實主義者、實用主義者，頭腦清醒，但並不對事物過分地追根究底。他們按生活的本來面貌看待生活，並不賦予生活以自己的思想和預見。但他們也可以是耽於享樂的、追求刺激的。他們的情感一般是淺薄的，全部生活僅僅是為了從生活中獲得一切能夠獲得的感覺。他們當中典型的極端者，或者成為粗陋的縱欲主義者，或者成為浮誇的唯美主義者。他們可以根據感覺傾向，沉溺於各種不同類型的嗜好，具有變態行為和強迫行為。

電子書購買

國家圖書館出版品預行編目資料

榮格想與你談性格：原型、個性化、人格面具，分析心理學始祖為你破解「性格決定命運」的密碼 / 劉燁 , 許奕廷編譯 . -- 第一版 . -- 臺北市：崧燁文化事業有限公司 , 2022.04
　　面 ;　　公分
POD 版
ISBN 978-626-332-189-2(平裝)
1.CST: 榮格 (Jung, C. G.(Carl Gustav), 1875-1961)
2.CST: 學術思想 3.CST: 性格
149.64　111002944

榮格想與你談性格：原型、個性化、人格面具，分析心理學始祖為你破解「性格決定命運」的密碼

臉書

編　　譯：劉燁，許奕廷

排　　版：黃凡哲

發 行 人：黃振庭

出 版 者：崧燁文化事業有限公司

發 行 者：崧燁文化事業有限公司

E-mail：sonbookservice@gmail.com

粉 絲 頁：https://www.facebook.com/sonbookss/

網　　址：https://sonbook.net/

地　　址：台北市中正區重慶南路一段六十一號八樓 815 室
Rm. 815, 8F., No.61, Sec. 1, Chongqing S. Rd., Zhongzheng Dist., Taipei City 100, Taiwan

電　　話：(02) 2370-3310　　傳　　真：(02) 2388-1990

印　　刷：京峯彩色印刷有限公司（京峰數位）

律師顧問：廣華律師事務所 張珮琦律師

定　　價：350 元

發行日期：2022 年 04 月第一版

◎本書以 POD 印製